SECOND SUPPLÉMENT

A LA

GÉNÉALOGIE

DE LA MAISON

DE CORNULIER

IMPRIMÉE EN 1847.

ORLÉANS

IMPRIMERIE CHENU, RUE CROIX-DE-BOIS, 21.

1863.

SECOND SUPPLÉMENT

A LA

GÉNÉALOGIE

DE LA MAISON

DE CORNULIER

IMPRIMÉE EN 1847.

ORLÉANS,

IMPRIMERIE CHENU, RUE CROIX-DE-BOIS, 21.

——

1863.

AVERTISSEMENT.

———◦◆◦———

La *généalogie de la maison de Cornulier* a été imprimée pour la première fois en 1847, in-8° de 223 pages ; un premier *supplément* in-8° de 335 pages y a été ajouté en 1860. Depuis lors, le nombre des pièces recouvrées s'est trouvé assez considérable pour en former un *second supplément*.

La première généalogie et le premier supplément étaient divisés en deux parties distinctes : la filiation proprement dite et les pièces justificatives. Le second supplément est exclusivement consacré aux preuves, et l'on y a conservé la numération des degrés·déjà établie dans les deux précédents volumes pour maintenir la concordance avec eux et faciliter ainsi les recherches.

Cependant, les numéros d'ordre qui sont donnés à chaque génération, dans la filiation exposée aux 44 premières pages de la généalogie de 1847, se trouvent modifiés pour les degrés nouveaux établis dans le supplément de 1860, pages 41 à 47 ; il était nécessaire d'y avoir égard ; c'est pourquoi on a jugé nécessaire de refondre en entier toute cette partie et d'en faire un tirage à part ; on s'y est déterminé d'autant plus volontiers que les pièces contenues dans les deux suppléments fournissaient à cette partie la matière de quelques rectifications et d'additions importantes. Quant au changement apporté dans le classement des générations, il suffit, pour s'en rendre compte, de remarquer que le 1er degré de l'ancienne filiation est devenu le 5e de la nouvelle, en sorte que l'on passe de l'une à l'autre avec cette différence constante de quatre degrés dans leurs indices d'ordre.

En se décidant à tirer séparément la généalogie proprement dite, on a jugé qu'il était utile d'y joindre quelques illustrations, pour parler aux yeux en même temps qu'on s'adresse à l'esprit ; on l'a donc ornée d'un écusson armorié, d'un arbre généalogique figuré ; des vues de cinq des principaux châteaux de la famille : *Elven*, *Vair*, *la Caraterie*, *Lucinière et Montreuil ;* et du tombeau de Béatrix, de Cornillé.

On aurait souhaité ne pas s'en tenir là et donner tous les manoirs qui ont abrité les générations passées. En voyant leurs demeures, il semble qu'on se serait mieux identifié avec elles qu'au seul récit de leurs actes ; mais la réalisation de ce désir n'était plus possible ; le temps et la main des hommes avaient déjà anéanti la plupart de ces pénates qui, malgré la modestie de plusieurs d'entre eux, n'en auraient pas été moins intéressants pour la postérité de leurs hôtes.

L'ancien château de *La Touche*, à la porte de Nozay, méritait surtout de fixer l'attention, comme le premier qui ait été habité dans le comté Nantais par l'auteur commun de toutes les branches actuelles ; mais il a été rasé complètement et remplacé par une maison moderne. Des constructions anciennes, il ne reste plus que quelques bâtiments de servitude et un beau portail monumental, annonce obligée de toute habitation seigneuriale d'autrefois.

Le château du *Boismaqueau* était une habitation importante, décorée de tourelles et d'une chapelle gothique remarquable, accompagnée de vastes et nombreuses dépendances, bâtie sur un coteau qui domine le bourg de Teillé et dans un site des plus pittoresques, animé par une petite rivière qui coule au pied. Depuis 1735, il n'était plus habité que par des fermiers et s'était tellement dégradé qu'il menaçait de s'écrouler lorsque, il y a cinq ans seulement, on prit le parti de le démolir tout-à-fait, pour y construire une métairie, sans que personne ait pensé à en conserver un dessin.

Le petit château de *Lorière*, en Brains, a été incendié dans les guerres de la Vendée, et l'édifice tout moderne qui l'a remplacé au même lieu n'est plus l'ancien manoir qui avait donné son nom à sa branche. Dès 1750, le vieux manoir du *Pesle*, dans la même paroisse, était tombé en ruines faute d'être habité. *Le Vernay*, aux Touches, et *La Sionnière*, en Teillé, ne l'avaient jamais été que par des fermiers depuis qu'ils étaient entrés dans la famille. Enfin, le beau château de *Lézonnet*, en Loyat, près de Ploërmel, n'a été pour elle qu'une résidence et même une possession trop temporaire pour mériter un intérêt réel. *Elven*, que nous donnons, ne paraît pas, il est vrai, avoir jamais été habité par ses possesseurs depuis la catastrophe dont il fut le théâtre en 1495 ; mais, comme chef-lieu d'une seigneurie hors ligne, il méritait une distinction particulière, son aspect donnant une juste idée de l'importante féodalité qui y était attachée et qui a appartenu à la famille de Cornulier jusqu'à la révolution.

Le tirage à part, qui porte le titre de : *Généalogie de la maison de Cornulier, autrefois de Cornillé, en Bretagne*, in-8°, 1863, doit donc être joint à la généalogie de 1847 et aux deux suppléments qui l'ont suivie : ces trois derniers volumes renferment les preuves sur lesquelles s'appuie le quatrième, et dont il est le résumé.

De ces volumes, les deux premiers sont dépourvus de tables, ce qui y rend certaines recherches assez difficiles ; en y ajoutant un nouveau recueil de pièces justificatives, les recherches deviendraient plus pénibles encore au milieu de cette masse de documents classés dans un but unique. Pour faciliter les investigations qu'on voudrait y faire à tout autre point de vue, on a joint à ce second supplément une ample table alphabétique des matières et des noms mentionnés dans les trois volumes de preuves.

ORIGINE ET PREMIERS SUJETS.

VI.

Donation faite aux moines de Saint-Melaine de Rennes par André, sire de Vitré, dans l'octave de Saint-Jean-l'Evangeliste, l'an 1199. Témoins : Guillaume de Fougères, Guillaume d'Aubigné, Hervé de Vitré, Briant de Coësmes, Nicolas de Coësmes, son frère, Allain le Breton et Guy, son frère, Geoffroy *de Cornillé*, etc. (Cartons des Blancs-Manteaux, nº 36, fº 178 et 179).

BRANCHE AINÉE.

Iᵉʳ DEGRÉ.

*Extrait des registres des comptes de la fabrique de la paroisse de
Saint-Jean-de-Béré de 1506 à 1581, 2 vol., 1ᵉʳ registre, fº 345.*

René *Cornullyer* et Pierre Aulbin furent institués procureurs
et fabriqueurs de la paroisse de Saint-Jean-de-Béré pour exercer cette charge durant l'année 1546. Ils reçurent de Pierre
Jolys et Jehan Chardon, leurs prédécesseurs, d'après un inventaire très-détaillé, la charge des fonds en caisse, des vases
sacrés, des ornements, etc. Il leur fut rendu compte en même
temps des revenus de la fabrique et de leur emploi durant l'année 1545. En tête de la prise en charge des fabriqueurs de 1546,
est consigné sur le registre même la minute d'un acte notarié
dont la teneur suit. « Le tiers jours de mars, l'an 1545, ont été
» présents devant nous en personnes René *Cornullier* et Pierre
» Aulbin, dit Tartier, les quels ont cogneu et confessé, cognois-
» sent et confessent avoir eu et reçu de Pierre Jolys la somme
» de 14ˡ 9ˢ 9ᵈ tournois, en la déduction du compte desdits
» Jolys et Chardon, derrains fabriqueurs et procureurs de cette
» paroisse de Saint-Jehan-de-Béré, et d'icelle somme de 14ˡ
» 9ˢ 9ᵈ, ledit *Cornullyer*, faisant et stipulant pour ledit Aulbin,
» semblablement procureur en l'an présent de ladite paroisse,
» a quitté et quitte le dit Jolys, fait par notre court de Château-
» briant, à la fenestre dudit Jolys, lesdits jour et an que dessus,
» signé : R. *Cornulier*, chapel, passe, J. P. Felion. »
La signature de René Cornulier est d'une hardiesse et d'une
correction remarquables; elle est accompagnée d'un grand luxe
de paraphes très-fermes qui dénotent une main exercée et qui
devait être l'une des plus belles de l'époque.

René Cornulier mourut dans l'exercice de ses fonctions, dans
le courant de cette même année 1546. Sa veuve, dont le registre ne donne pas le nom, suivant l'usage (c'était Mathurine
Rouceray) rendit compte de la gestion de son époux défunt et
obtint décharge lorsque les deux fabriqueurs pour l'année 1547

entrèrent en exercice; un nommé Rouzeray, (probablement beau-frère de Réné Cornulier) avait été institué dans le courant de l'année 1546, après le décès de René Cornulier, pour remplir ses fonctions. Soit par suite de maladie, soit par décès, René Cornulier cessa ses fonctions le 15 juillet 1546 ; c'est la date du dernier article de son compte relaté par sa veuve.

Les fabriqueurs de Saint-Jean-de-Béré étaient chaque année au nombre de deux, l'un pour la ville et l'autre pour la cam-pagne; c'était une charge fort honorable, et l'on y voit figurer, dans le XVIe siècle, la plupart des noms des anciennes familles du pays. Avant la création des communes (et celle de Château-briant ne date que de 1587) les fabriqueurs avaient non-seulement la gestion des intérêts matériels de l'église, mais encore celle de toute la paroisse en général ; ils étaient tout à la fois ce que sont aujourd'hui les marguilliers et les maires avec leur conseil municipal; plus puissants toutefois, car aucune tutelle né leur était imposée. La paroisse de Saint-Jean-de-Béré était d'ail-leurs des plus importantes, puisque la ville de Châteaubriant en faisait partie.

Les mêmes registres de Saint-Jean-de-Béré mentionnent en recette, en 1564, une rente de 4^d due à la fabrique sur la maison *du vollier*, en la rue des Quatre-OEufs, moitié par Tiennette Cornulier, qui était fille de Réné.

Les registres de la paroisse d'Ercé-en-la-Mée portent : Le 19 octobre 1615, fut baptisé Philippe Rouzeray, fils de Gilles Rouzeray et de Renée le Lardeux, sa femme, seigneur et dame de Caillebeu ; parrain, écuyer Olivier des Loges, marraine, dame Philippe Cornulier, prieure de Teillay, signé : *Philippe Cornullier*, Olivier des Loges.

IIIe DEGRÉ.

Du 18 juin 1564, aveu rendu à nobles gens messire Pierre *Cornullier*, pensionnaire du Roi en son pays de Bretagne, se-crétaire de la Reine, receveur des fouages et impôts ès-évêchés de Saint-Brieuc et de Cornouaille ; mari et époux de damoiselle Claude de Comaille, sa femme, compagne et épouse, seigneur et dame de La Touche, la Rivière, la Croix-Merhan, Beaujonnet et La Haye-Poil-de-Grue en Nozay ; et à damoiselle Jacqueline du Pin, dame de Launay de Bothereau et Du Mortier-Gourma-lon, curatrice de damoiselle Gillette de Comaille, sœur de ladite Claude, filles et héritières sous bénéfice d'inventaire de défunts nobles gens Toussaint de Comaille et demoiselle Perrine Vivien, en leur vivant seigneur et dame desdits lieux (cette Jacqueline du Pin était veuve de Jean Vivien).

Du 17 avril 1575, acte de transport fait par N. H. Claude du
Mas, écuyer, seigneur de La Rivière d'Abbaretz, à Pierre *Cornulier*, seigneur de La Touche, conseiller du Roi, trésorier de
France et général de ses finances en Bretagne, et à Robert
Thevin, seigneur de la Durbellière, conseiller du Roi en sa
cour de parlement audit pays, de la fondation faite le 20
mai 1437 par défunte demoiselle Janne Du Moulin, lors dame
de La Croix-Merhan, de La Touche et de La Rivière, en l'église
paroissiale de Nozay, de la quelle Du Moulin est ledit du Mas
successeur et héritier. Ledit transport fait en considération de
ce que lesdits Cournulier et Thevin sont à présent seigneurs desdits lieux de la Touche et de La Croix-Merhan et moyennant la
somme de 200¹. Au rapport de Boislève et Primaud, notaires
royaux à Nantes.

Du 20 mai 1437, acte de fondation de la chapellenie de Saint-
Michel en l'église paroissiale de Nozay par noble damoiselle
Jehanne Du Molin, dame de La Croix-Merhan et de La Touche,
en la présence et avec le consentement de noble écuyer Charles
de Montfort, seigneur de La Rivière d'Abbaretz, héritier présomptif et attendant de ladite demoiselle: cette fondation con-
siste en une messe par semaine et une autre messe le premier
jour de chaque mois, pour lesquelles elle assigne dix livres de
rente, dont elle fait assiette sur les dixmes qu'elle a en la paroisse de Joué, sur celles dépendantes de sa terre de La Croix-
Merhan et sur diverses rentes qui lui sont dues à Nozay.

A révèrend père en Dieu monsieur l'évêque de Nantes ou à
monsieur son vicaire-général en son absence : Pierre *Cornulier*,
seigneur de La Touche et de La Croix-Merhan, conseiller du
Roi, trésorier de France et général de ses finances en Bretagne,
salut. Comme à raison desdites terres ou autrement le droit de
patronnage de la chapellenie fondée par nos prédécesseurs,
seigneurs et dames desdits lieux, à l'autel monsieur Saint-Michel, en l'église parrochiale de Nozay, nous appartienne pour
y faire pourvoir quand il y échet; nous, à ces causes, confiant
de la personne de messire Pierre Dauffy, prêtre, demeurant
audit Nozay et de ses sens, suffisance et prudhommie, le vous
avons présenté et nommons par ces présentes pour obtenir ladite chapellenie à présent vacante, vous suppliant humblement
en admettre cette notre présentation, et suivant icelle donner
votre collation audit Dauffy pour en jouir tout ainsi que les précédents chapelains d'icelle chapellenie. En témoing de quoi nous
avons signé lesdites présentes de notre main, sous le cachet
de nos armes, à Nantes, le 16ᵉ jour de juillet l'an 1577, signé :
Cornulier.

Le sceau qui est apposé sur cette belle pièce en vélin est par-
faitement conservé et très-distinct, ayant quatre centimètres de
diamètre; il porte : *un rencontre de cerf sommé entre les bois*

d'une moucheture d'hermine; la tête accompagnée en pointe de trois mailles posées 2 et 1. Ces mailles sont des pièces de monnaie portant l'empreinte d'une croix en relief.

A cette présentation est annexée la collation de l'évêque de Nantes en faveur du sujet présenté pour desservir ladite chapellenie, en date du 22 juillet 1577, et scellé du sceau de Philippe du Bec.

Dix aveux rendus en 1583 et 1584 à nobles gens Pierre *Cornulier* et à damoiselle Claude de Comaille, sa compagne, seigneur et dame de La Touche, de La Croix-Merhan et de La Rivière en Nozay; ledit sieur trésorier de France et général des finances en Bretagne. A partir du mois de juin 1583, ces aveux ajoutent seigneur de Rozabonnet; et, dès le 24 novembre de la même année, seigneur de Lucinière. Il paraît que cette dernière terre était déjà acquise à cette date, mais que le marché ne fut complètement réalisé qu'en 1585, comme on le dira ci-après.

Tous ces aveux sont scellés d'un sceau pareil au cachet particulier apposé au bas de l'acte de présentation du 16 juillet 1577, mais d'un plus petit modèle, n'ayant que 35 millimètres de diamètre. Il résulte de là la preuve que Pierre III de Cornulier avait, comme le dit le livre doré de l'hôtel-de-ville de Nantes, ajouté les armes de sa femme aux siennes; mais cette addition lui fut personnelle et ne fut pas maintenue par ses enfants.

Aucun de ces sceaux n'est accompagné de devise: ce n'était pas l'usage de l'époque. Cette omission nous ôte tout moyen de savoir par qui fut d'abord adoptée la devise : FIRMUS UT CORNUS. *Cornus* est le *Cornouiller*, qu'on nommait autrefois le *Corniller*, arbre dont le bois était particulièrement recherché pour les hampes des lances à cause de sa rigidité; le jeu de mots de la devise s'applique donc aussi bien au nom ancien de la famille qu'au nouveau; sous une dénomination comme sous l'autre, on a pu dire également: ferme ou constant, comme l'arbre ou la personne, l'équivoque a toujours subsisté.

Du 20 août 1577, acte d'acquet de divers héritages en la paroisse de Nozay, fait au nom de nobles gens Pierre *Cornulier*, conseiller du Roi, trésorier de France et général des finances en Bretagne, et damoiselle Claude de Comaille, sa compagne, seigneur et dame de La Touche, par N. H. Robert Thevin, seigneur de la Romaudière, conseiller du Roi en sa Cour de parlement de ce pays, au rapport de Leroy et Letourneuls, notaires royaux à Rennes.

Du 27 février 1595, procuration donnée par damoiselle Claude de Comaille, dame de La Touche, demeurant à Nantes, paroisse Sainte-Radégonde, pour acquérir divers héritages à Nozay, signé : *Claude de Comaille*; Megnen et Chevalier, notaires royaux à Nantes.

Du 10 octobre 1599, aveu rendu à damoiselle Claude de Comaille, dame de La Touche, Lucinière, La Haye, La Pénicière, Toulan, etc.

Toulan était un acquet récent de Claude de Comaille et c'était une juveignerie de Nozay. On voit, en date du 17 août 1419, un aveu rendu, devant la Cour de la Roche, au siége et baillage de Nort, à noble homme Morice de La Noe, seigneur de Toulan, et autre aveu du 17 août 1479, portant: Sachent tous que par notre Cour de Rieux en Nort, fut présent N. H. messire Olivier de La Noe, chevallier, seigneur dudit lieu de La Noe et de Toulan, lequel confesse être homme et sujet de H. et P. seigneur Guy, comte de Laval, sire de Vitré et Châteaubriant, en nom et comme garde naturel de N. et P. seigneur Nicolas, sire de La Roche, et de lui tenir noblement à foi, hommage et rachat, quand le cas y advient, et en ramage, comme juveigneur d'aîné, de H. et P. seigneur Jehan, sire de Rieux : en sa terre et seigneurie de La Roche en Nort, etc. Le 22 octobre 1536, N. H. Jean du Fresche, seigneur de Toulan, rend aveu à H. et P. Guy, comte de Laval, de Montfort et de Quintin, vicomte de Rennes, sire de Vitré, d'Aquigny et de La Roche, comme son seigneur et confesse de lui tenir prochement, à foi, hommage et rachat et devoir de chambellenage quand le cas y advient, par cause de sa terre, baronnie et juridiction de La Roche-en-Nort, et en ramage et juveigneurie de la seigneurie de Nozay, sa terre et seigneurie de Toulan, etc.

Du 16 décembre 1599, inventaire de La Bourdinière, en Puceul, appartenant à damoiselle Claude de Comaille, dame de La Touche, le Plessis-Grimaud en Puceul, Lucinière, etc., comprenant la métairie de la Bourdinière et celle de Boueden, en la paroisse de Vay.

Du 26 mars 1601, aveu rendu à damoiselle Claude de Comaille, dame de La Touche, La Haye, Lucinière, Toulan, etc.

Du 9 novembre 1535, acquet du domaine de La Croix-Merhan, en Nozay, par maître Pierre Piraud, seigneur de La Touche et du baillage et juridiction de La Croix-Merhan et de La Rivière en Nozay. Ledit domaine vendu par les Deluen. Jamet Deluen l'avait acquis, le 4 février 1509, de Jean Spadine, le jeune, seigneur de Beaumont.

Du 3 décembre 1536, répit accordé par Jean de Laval, sire de Châteaubriant, à son amé et féal secrétaire, maître Pierre Piraud, seigneur de La Touche, pour lui faire les foi et hommage qu'il lui doit.

Du 10 août 1537, ferme de six ans consentie par N. H. maître Pierre Piraud, secrétaire du Roi, seigneur de La Touche, à N. H. François Provost, seigneur de La Thenaudaie.

Du 19 novembre 1538, Jean, sire de Châteaubriant, de Montafilant, de Candé, Derval et Malestroit, comte de Plorhan, chevalier de l'ordre, gouverneur et lieutenant-général pour le Roi en Bretagne, à tous ceux qui ces présentes lettres verront, salut; Savoir faisons que pour rémunération et récompense des bons, loyaux, agréables et très-recommandables services que notre amé et féal secrétaire maître Pierre Piraud, seigneur de La Touche, nous a par ci-devant faits par le temps et espace de quatorze ans et plus, en plusieurs et maintes manières dont nous tenons de lui content, mêmement pour la récompense et remboursement de plusieurs bonnes et grosses sommes de deniers qu'il a frayés et avancés du sien pour nous et nos affaires sans que nous lui en ayons fait paiement ni remboursement et dont il nous a rendu les lettres et enseignements et l'en quittons; à icelui Piraud, présent et acceptant, pour lui, ses hoirs et cause ayant, pour ces causes et autres bonnes et justes raisons et considérations à ce nous mouvant, aussi pour ce que très-bien nous plaît, avons pour nous et nos hoirs, donné, cédé et délaissé...... Le lieu, maison, métairie et appartenances de Taillecol, situés en notre seigneurie de Rougé...... ainsi qu'ils nous sont venus de René du Rouvre, seigneur dudit lieu, pour paiement et satisfaction de certaine somme de deniers en quoi il nous était obligé, suivant acte des 2 et 3 avril 1537, etc. Donné à Chantilly, signé: Jehan de Laval.

Du 13 mars 1538, prise de possession de la terre de Taillecol par N. H. Guillaume Gascher, seigneur de Garselin, au nom et comme procureur de maître Pierre Piraud, écuyer, seigneur de La Touche.

Du 19 mars 1539, prise de possession du domaine de La Haye Poil-de-Grue, en Nozay, par N. H. maître Pierre Piraud, seigneur de La Touche. Ledit domaine à lui vendu par François Dollo, écuyer, seigneur de La Bouvetière en Ligné.

Aveu non daté de La Touche, La Croix-Merhan, La Haie Poil-de-Grue, etc., rendu par Toussaint de Comaille et Perrine Vivien, sa femme, où il est dit que La Touche avec ses dépendances fut donnée à titre d'échange à feu maître Pierre Piraud, premier mari de ladite Vivien.

Du 7 juillet 1550, aveu rendu à N. H. maître Toussaint de Comaille, seigneur de La Touche, Croix-Merhan et juridiction de Rozabonnet en Nozay.

Du 16 mars 1551, aveu rendu devant les Cours de Nozay et de la Roche-en-Nort à nobles gens Toussaint de Comaille et demoiselle Perrine Vivien, sa compagne et épouse, seigneur et dame de La Rivière, La Croix-Merhan, La Touche, etc., en Nozay.

Inventaire des contrats d'acquets faits par défunts nobles gens Pierre *Cornulier*, seigneur de La Touche, conseiller du Roi, trésorier de France et général de ses finances en Bretagne, et Claude de Comaille, sa compagne, sous la juridiction de Nozay, présenté à M. Du Vaurogé Lezot, conseiller du Roi, secrétaire en la Chancellerie de Bretagne et intendant-général des affaires de Monseigneur le connétable en Bretagne ; desquels acquets les ventes et lods en pourraient être dus à mondit seigneur ou à ses fermiers à cause de ladite seigneurie.

1° Le contrat fait par lesdits défunts, d'avec les seigneur et dame de Milly de la maison, terre et seigneurie de Lucinière, avec ses dépendances et appartenances, pour la somme de cinq mille deux cents écus, daté du 17 mai 1585 ; auquel contrat est attaché le don des lods et ventes fait audit défunt seigneur de La Touche par dame Madeleine de Savoie, duchesse de Montmorency, daté du 7 août audit an quatre-vingt-cinq, signé *Madeleine de Savoie* et au-dessous de La Haye et scellé.

2° Le contrat d'acquet fait par lesdits défunts d'avec le seigneur de La Clartière de la terre et seigneurie du Plessis-Grimaud, métairies, dépendances et appartenances, pour la somme de trois mille livres, au rapport de Primaud, notaire royal.

3° Le contrat d'acquet fait par lesdits défunts d'une pièce de terre près La Haye Poil-de-Grue, daté du 30 janvier 1588.

4° Le contrat d'acquet fait par ladite défunte dame de La Touche de la pièce des Masses, daté du 20 février 1593, etc.

Pour tout ce que dessus a été composé à la somme de 1000 [1] que ledit seigneur général de La Touche *Cornulier*, fils et héritier principal et noble desdits défunts, ses pères et mère, a présentement payée et délivrée ès-mains de mondit sieur de Vaurogé qui a promis de fournir quittance audit seigneur général dans huitaine de M. Jean Thomas, receveur général de mondit seigneur, etc., à Nantes, le 10 novembre 1604, signé : Lezot.

Remarque. François Hamon, chevalier, seigneur de Bouvet, capitaine de Fougères et vice-amiral de Bretagne, épousa Renée de Surgères, dame de la Flocellière, de Saint-Pol et de Cerisay, qui convola en 1523 avec Péan de Brie, chevalier, seigneur de Serrent en Anjou. Il en eut un fils et une fille qui suivent :

1° Jean Hamon, seigneur de Bouvet, de La Flocellière, de Cerisay et de Roche-Servière, épousa Jeanne de Pannèvre, fille unique de Léon de Pannèvre et de Gabrielle de Chausseraye, dont :

Robinette Hamon, fille unique, dame de Bouvet, de La Flocellière, de Roche-Servière et de Cerisay, mariée le 15 septembre 1567 avec Claude de Maillé, seigneur de Brezé et de Milly, qui fut tué à la bataille de Coutras, le 20 octobre 1587, et qui a laissé postérité.

2° Françoise Hamon, dame de Lucinière, Montigné, Fayau et La Martinière, mariée en premières noces, le 2 décembre 1539, avec Jean Bouchard d'Aubeterre, seigneur de Saint-Martin de La Coudre; et en secondes noces avec Hardy de Jaucourt, seigneur de Villarnoul. Elle mourut le 12 février 1571, sans laisser de postérité. Du second lit, elle avait eu Guy de Jaucourt, mort de ses blessures en 1564, non marié; et René, *Alias* Hugues de Jaucourt, qui épousa Louise des Réaux, mais qui mourut aussi sans postérité avant sa mère.

A la mort de Françoise Hamon, en 1571, tous ses biens retournèrent à sa nièce Robinette Hamon, mariée avec Claude de Maillé, et ce fut d'elle que Pierre de Cornulier acquit la terre et seigneurie de Lucinière par un marché qui paraît avoir été arrêté dès 1583, mais dont certaines difficultés retardèrent la conclusion définitive jusqu'en 1585. (Voyez t. 2, p. 124 et 125.)

Madeleine de Savoie, qui lui fit don des lods et ventes qui lui étaient dus pour raison de cette acquisition, était la veuve du connétable Anne de Montmorency, mort dès 1567, et qui mourut elle-même en 1586; elle jouissait comme douairière de la châtellenie de Nozay.

Extrait des registres des délibérations du chapitre de la cathédrale de Nantes :

Le 14 octobre 1587, le sieur de *La Touche Cornulier* présente comme seigneur de Lucinière, à la chapelle de Saint-Michel, en l'église cathédrale, vacante par la mort du sieur Arthur Avignon, mais il se trouve que cette chapellenie de Saint-Michel n'était pas celle qui lui appartenait; c'en était une autre du même nom.

Le 29 mars 1588, le chapitre assiste à l'enterrement de messire Pierre *Cornulier*, seigneur de La Touche, général de Bretagne, en l'église de Sainte-Radégonde, et dit la messe aux Jacobins.

Le 26 avril 1600, le chapitre fait la sépulture de la femme de M. le président de Launay en Sainte-Radégonde. (C'était Marie de *Cornulier*).

Le 27 avril 1601, le chapitre assiste à l'enterrement de madame de *La Touche Cornulier*.

Le 12 août 1602, le chapitre élit pour doyen de la cathédrale de Nantes, selon la façon de Saint-Gatien de Tours, maître Pierre *Cornulier*, conseiller au Parlement de Bretagne, à la place de Tristan Guillemier, décédé le 3 août 1602.

Extrait des registres de la paroisse de Saint-Laurent de Nantes :

. Le 13 décembre 1587, fut marraine dame Claude de Comaille, femme de messire Pierre de *Cornulier*, seigneur de La Touche et trésorier de France.

Extraits des registres de la paroisse d'Ercé-en-la-Mée :

Le 14 janvier 1616, fut marraine dame Philippe *Cornulier*, prieure de Teillay.

Le 3 octobre 1622, visitatio facta fuit in ecclesia sancti johannis de erceio per dominum reverendissimum episcopum petrum *Cornulier*.

Extrait de l'histoire de Sainte-Chantal et des origines de la Visitation, par l'abbé Bougaud, t. II, p. 376.

Mad. de Chantal faisant, en 1636, une visite à Aix en Provence, le parlement et la chambre des comptes vinrent en corps la visiter. Monseigneur de Rennes, qui se trouvait par hasard dans la ville, fut tellement touché de la seule vue de la bienheureuse fondatrice, qu'il se mit à genoux et lui demanda sa bénédiction. Mais cette humble mère se prit à trembler à cette vue ; les larmes lui vinrent aux yeux, et elle demeura interdite sans pouvoir dire un mot. Dès-lors, ce digne évêque, ravi de ce qu'il voyait, résolut de faire le voyage de Savoie, « afin, disait-il, de jouir à souhait, une bonne fois en ma vie, des salutaires discours de cette sainte. » (Extrait de la fondation inédite d'Aix).

IVᵉ DEGRÉ

Du 11 février 1606, Jean Hachon, châtelain-fermier de la terre et seigneurie de Nozay, confesse avoir été payé par M. de La Touche *Cornulier* du droit de rachat qui m'appartient comme châtelain au rachat des terres de Lucinière et du Plessis-Grimaud, par le décès de défunt M. de La Touche, son père ; aussi ai été payé du droit de vente des contrats faits par M. et Mad. de La Touche, etc.

Du 14 juin 1608, acquet du Pré de La Nouette, à Nozay, par N. H. Claude *Cornulier*, seigneur de La Touche, La Haye, Toullan, La Rivière, etc., conseiller du Roi, trésorier de France. -

Érection de La Touche en titre de châtellenie.

» Louis, par la grâce de Dieu, Roi de France et de Navarre,
» à tous présents et à venir, salut. Savoir faisons que nous ayant
» égard aux bons et agréables services que notre cher et bien
» amé Claude *Cornulier*, sieur de La Touche, notre conseiller
» trésorier de France et général de nos finances en notre pays
» et duché de Bretagne a rendus au feu Roi, notre très-honoré
» seigneur et père que Dieu absolve, en plusieurs occasions im-
» portantes à son service et au bien de ses affaires, espérant
» aussi qu'avec non moindre affection et fidélité il continuera
» de bien en mieux ses dits services à l'avenir et voulant non-
» seulement les reconnaître en sa personne, mais aussi faire
» passer jusqu'à sa postérité le témoignage du contentement
» que nous en avons par l'accroissement et augmentation des
» titres et qualités des terres et seigneuries à lui appartenant.
» Pour ces causes, avons de notre grâce spéciale, pleine puis-
» sance et autorité royale, à la terre et seigneurie de La Touche,
» joint, uni et incorporé, joignons, unissons et incorporons
» les fiefs et juridictions de Toullan, La Rivière, Croix-Merhan,
» Rozabonnet et Procé, leurs circonstances et dépendances, et
» le tout ainsi uni, sous le nom de ladite terre et seigneurie de
» La Touche, créé, érigé et élevé, créons, érigeons et élevons
» par ces présentes signées de notre main en dignité, titre,
» nom et prééminence de châtellenie, pour en jouir par ledit
» Cornulier, ses hoirs ou ayant cause, pleinement, paisiblement
» et perpétuellement à titre de seigneurs châtelains. Et afin que
» ce soit chose ferme et stable, nous avons fait mettre notre
» scel à ces dites présentes. Donné à Paris, le 9 février, l'an
» de grâce 1611 et de notre règne le premier, signé *Louis*; et
» sur le reply, par le Roi, la Reine régente, sa mère, présente,
» *Potier*, scellé en cire verte à lacs de soie rouge et verte.
Registré suivant l'arrêt de ce jour, fait en Parlement, à
Rennes le 11 octobre 1611.

Du 20 décembre 1614, accord entre messire Claude *de Cornulier*, seigneur de La Touche, conseiller du Roi, trésorier de
France et général des finances en ce pays de Bretagne, demeurant à Nantes, paroisse Sainte-Radégonde, d'une part, et vénérable et discret messire Julien Simon, prêtre, chanoine de l'é-
glise collégiale de Notre-Dame-de-Nantes, recteur de Nozay et
chapelain de la chapellenie fondée par défunte Guillemette
Labbé, audit Nozay (c'est Saint-Saturnin) d'autre part, au rapport de Bonnet et Guillet, notaires royaux à Nantes.

Du 21 avril 1623, acte d'acquet du Boismorin, en la paroisse
de Sainte-Luce, près Nantes, par N. H. Claude *Cornulier*,
seigneur de La Touche, La Haye, etc., signé : *Cornulier*.
Au rapport de Penifort et Charrier, notaires royaux à Nantes.

2

Du 9 juin 1628, acte de vente consentie par messire Jean de Francheville, seigneur dudit lieu et du Lin, écuyer ordinaire du Roi, faisant pour dame Charlotte du Han, sa compagne, à messire Claude *Cornulier*, seigneur de La Touche, conseiller du roi en ses conseils d'Etat et privé, trésorier général de ses finances en Bretagne, résidant en la ville de Nantes, des maisons, manoirs et métairies nobles de la grande et petite Villatte et de l'Héronnière, en la paroisse de Nozay, moyennant le prix de 9,000¹ et 300¹ d'épingles ; fait et passé à Rennes, au logis épiscopal, au rapport de Forget et Caud, notaires royaux à Rennes.

Du 28 juillet 1630, deux actes par lesquels dame Judith Fleuriot, épouse de messire Claude *Cornulier*, seigneur de La Touche, conseiller du Roi, trésorier de France et général des finances en Bretagne, et monsieur maître Pierre *Cornulier*, leur fils, seigneur de La Haye, conseiller au Parlement de Bretagne, demeurant à Nantes, paroisse Sainte-Radégonde, déclarent ratifier : 1° un contrat de constitution de 1,000¹ de rente, au capital de 16,000¹., consenti le 26 janvier 1630, par ledit sieur de La Touche, se faisant fort de sa dite épouse et de son dit fils, au profit de monsieur maître Denis de Heere, seigneur de Vaudry, conseiller au Parlement de Paris ; 2° une obligation de 16,000¹ consentie au profit de la dame de La Motte, par ledit seigneur de La Touche, pour la remplir de pareille somme à elle due par messire Isaac Louaisel, seigneur de Brie, conseiller d'Etat et président au Parlement de Bretagne, suivant la composition faite entre lesdits sieurs de Brie et de La Touche, en faveur de la résignation que François Loysel, écuyer, seigneur de Chambière, fils dudit seigneur président, aurait faite en faveur dudit seigneur de La Haye de l'office de conseiller au Parlement de Bretagne, qu'il possède à présent, suivant acte passé à Rennes, le 5 du présent mois de juillet, signé : Cornulier, Cornulier, Judic Fleuriot, Charrier et Penifort, notaires royaux à Nantes.

Du 16 novembre 1631, acte par lequel messire Claude *Cornulier*, seigneur de La Touche, trésorier de France et général des finances en Bretagne, reconnaît avoir reçu d'écuyer Alain Mourault, seigneur du Jaroussay, la somme de 3,600¹, prix de la vente de la métairie noble de La Ville, en la paroisse de Saint-Séguelin, évêché de Saint-Malo, à lui consenti par Jean du Plessis, écuyer, seigneur de la Villeguérif, tant en qualité de curateur des enfants mineurs de défunts nobles gens François Hudelor et Mathurine Mourault sa compagne, seigneur et dame du Breschet, que, en son privé nom, faisant le fait valable pour demoiselle Suzanne Hudelor, sa compagne, fille juveigneure desdits défunts seigneur et dame du Breschet. Lequel prix de vente, ledit seigneur du Jaroussay s'était obligé de payer, en l'acquit des mineurs Hudelor, audit seigneur de La Touche, à valoir sur ce qui lui reste par eux dû sur le prix du contrat de vente de la maison et appartenances de Lohingat, en la paroisse de Guer, fait par ledit seigneur de La Touche audit feu seigneur du Breschet, signé : Cornulier, Allain Mourault. Coudret et Charrier, notaires royaux à Nantes.

Du 29 juillet 1633, notification faite par messire Pierre *Cornulier*, seigneur de La Haye, conseiller au Parlement de Bretagne, faisant pour messire Claude *Cornulier*, son père, seigneur de La Touche, conseiller du Roi, trésorier de France et général des finances en Bretagne ; à monsieur maître Jacques Huteau, seigneur de la Haye-Pallée, maître des comptes de Bretagne, du refus fait par le trésorier des parties casuelles de faire taxer au conseil la résignation au huitième denier que ledit seigneur de La Touche a faite dudit office de conseiller du Roi, trésorier de France et général des finances en Bretagne, en faveur de maître Jacques Huteau, seigneur du Buron, fils dudit seigneur de la Haye-Pallée, auquel ledit seigneur de La Touche aurait fait vente et transport par acte du 27 mai dernier, rapporté par Coudret et Desmortiers, notaires royaux. Ledit refus motivé sur ce que ledit trésorier des parties casuelles n'a voulu recevoir ladite résignation qu'au préalable ledit sieur Cornulier n'ait payé la taxe faite au conseil de l'augmentation de 300¹ de gages, montant à 2,500¹, suivant l'arrêt du conseil du 5 février dernier. Auquel paiement ledit sieur Cornulier ne serait point obligé par son traité dudit office avec ledit sieur de la Haye-Pallée ; au contraire, il est expressément porté que ledit sieur de La Touche ne serait tenu de payer aucune autre chose que la somme de 6,666¹ 13ˢ 4ᵈ qu'il a entièrement soldée ci-devant. C'est pourquoi ledit sieur de La Haye a sommé et requis ledit sieur de la Haye-Pallée de satisfaire à ladite demande du trésorier des parties casuelles, afin que l'expédition des provisions à laquelle le sieur de La Touche s'est obligé par son traité ne soit retardée, au rapport de Coudret et Charrier, notaires royaux à Nantes.

Du 26 septembre 1633, *prise de possession d'un banc en l'église paroissiale de Nozay.*

Par-devant le Sénéchal de Nozay a comparu René Nepveu, lequel a remontré comme, dès le 2 février 1605, messire Claude *Cornulier*, seigneur de La Touche, trésorier de France et général des finances en Bretagne, aurait obtenu permission de défunt Henri duc de Montmorency, pair et connétable de France, baron de Châteaubriant, seigneur de Nozay, etc., de mettre et apposer un banc prohibitif en l'église dudit Nozay, au chœur, du côté de l'épître, près la chapelle Sainte-Anne, à la charge de le tenir de mondit seigneur duc de Montmorency à foi, hommage et lui payer un écu d'or à chaque mutation du seigneur de ladite terre de La Touche. Laquelle concession de banc, audit lieu, aurait été confirmée, validée et approuvée par monseigneur Henri de Bourbon, prince de Condé, premier prince du sang, premier pair de France, duc d'Enguien, Châteauroux, Montmorency et seigneur de Nozay, etc., ainsi qu'il est porté par le brevet qu'il a en mains du 22 septembre 1630, requérant ledit Nepveu, en exécution desdites permission et approbation nous transporter en ladite église de Nozay pour y voir placer le banc dudit seigneur de La Touche, au lieu désigné par ledit brevet, sur laquelle réquisition faisant droit, etc.

Du 19 octobre 1634, combien que par acte passé en la Cour de Rennes, le 19 janvier 1634, entre messire Pierre *Cornulier*, seigneur de La Haye, conseiller au Parlement de Bretagne, au nom de messire Claude *Cornulier*, seigneur de La Touche, son père, d'une part; et H. et P. seigneur messire Jean-Emmanuel de Rieux, chef de nom et d'armes de Rieux, marquis d'Assérac, comte de Largouet, etc., d'autre part; ledit marquis d'Assérac, ait consenti et accordé que pour partie du paiement de la somme de 33,435¹ 10ˢ qui se serait trouvée être due et rester, tant en principal qu'en intérêts, de la somme de 45,000¹ que ledit seigneur de La Touche avait ci-devant prêtée à défunt H. et P. seigneur et dame messire Jean, chef de nom et d'armes de Rieux, marquis d'Assérac et à dame Marie de Rieux, son épouse, père et mère dudit seigneur marquis, par obligation du 23 décembre 1619, icelui seigneur de La Touche eût pris et touché du seigneur de Chateauneuf la somme de 16,000¹ à valoir et en déduction de la somme de 50,000¹ due audit seigneur marquis par ledit seigneur de Chateauneuf, par accord fait entre eux le 24 janvier 1633. Et pour les 17,435¹ 10ˢ, restant de ladite somme de 33,435¹ 10ˢ, ledit marquis d'Assérac se serait obligé de la payer le 19 janvier prochain avec les intérêts à raison du denier seize. Au moyen de quoi, ledit seigneur de La Haye aurait levé la saisie faite à la requête dudit seigneur de La Touche, son père. Néanmoins, le seigneur marquis d'Assérac a représenté audit seigneur de La Touche qu'il était impossible qu'il pût toucher ladite somme de 16,000¹ du seigneur de Chateauneuf et lui a offert de s'obliger en son propre et privé nom au paiement de ladite somme de 16,000¹, comme il est obligé en celle de 17,435¹ 10ˢ, pourvu qu'il plaise audit seigneur de La Touche de lui donner délai jusqu'au 19 janvier 1636, pendant lequel temps il lui paiera l'intérêt à raison du denier 16, se montant chacun an à 2,089¹ 14ˢ 6ᵈ, qu'il fera payer par ses fermiers de sa terre et seigneurie de l'Isle-Dieu, à quoi ledit seigneur de La Touche s'est volontairement accordé, etc., signé : Jean-Emmanuel de Rieux, Cornulier, Quenille et Charier, notaires royaux à Nantes.

Du 17 mars 1634, sentence arbitrale rendue entre le prince

de Condé, seigneur de Nozay, et écuyer Claude *de Cornulier*, conseiller du roi en ses conseils, trésorier de France et général des finances en Bretagne, au sujet des difficultés qu'avait susci- tées l'aveu de la châtellenie de La Touche. Les dits arbitres choisis en exécution du compromis signé par ledit prince et par ledit de Cornulier au château d'Oudon le 22 septembre 1633. Par suite de ladite sentence, accord entre le prince de Condé et M. de La Haye, faisant pour M. de La Touche, son père, en date du 23 novembre 1638, dans lequel il est convenu que la qualité de Chatellenie demeurera à la terre de La Touche pour ses fiefs de Toulan et de La Rivière, où il y a haute, moyenne et basse justice. A l'égard du fief de Rozabonnet, le seigneur de La Touche ne pourra prétendre la qualité de châtelain ni la haute justice, mais seulement la moyenne; et pour le fief de Procé, jouira seulement de la basse justice.

Des années 1635 à 1641, quinze aveux des vassaux de La Touche en Nozay rendus à messire Claude *de Cornulier*, seigneur de la châtellenie de La Touche, de La Haye, des Croix, des Gravelles, de la Grande-Guerche, etc., conseiller du Roi en ses conseils, trésorier de France et général des finances en Bretagne.

Du 6 juillet 1644, état des paiements faits par messire Claude *Cornulier*, seigneur de La Touche, etc., aux créanciers de H. et P. messire Gabriel, marquis de Goulaine, baron du Faouet, vicomte de Saint-Nazaire, seigneur du Pallet, du Loroux-Bot- tereau, etc. Ainsi que ledit seigneur de La Touche s'était obligé faire pour le paiement des cent mille livres par lui promis pour les derniers dotaux de dame Claude *Cornulier*, marquise de Goulaine, sa fille, par contract de mariage en date du 18 février 1620, au rapport de Penifort et Charier, notaires royaux à Nantes. Ledit état, montant à la somme de 100,233 5s 5d est approuvé par ledit Cornulier, le marquis et la marquise de Goulaine, au rapport de Charrier et Coudret, notaires royaux à Nantes.

Du 24 mars 1666, acte par lequel H. et P. dame Claude *de Cornulier*, femme de H. et P. messire Gabriel de Goulaine, chevalier, seigneur marquis du dit lieu, demeurant à Nantes, paroisse Saint-Jean-en-Saint-Pierre, laquelle reconnaissant les bonnes œuvres et le bien que font les religieux de la compa- gnie de Jésus pour la gloire de Dieu et le salut des âmes, et dé- sirant y contribuer en leur départant quelques deniers du bien qu'il a plu à Dieu lui donner pour aider à l'établissement de ladite compagnie de Jésus en cette ville de Nantes; et aussi en con- sidération de très-révérend père Louis de Goulaine, son fils, supérieur de ladite compagnie de Jésus audit Nantes; à ladite dame fait don perpétuel au collége royal de La Flèche de ladite compagnie, pour tourner au profit et subsistance de la maison de Nantes, de la somme de deux mille livres, parce que aussi, après son décès, ladite dame marquise de Goulaine est assurée d'avoir une messe de chaque père de la compagnie, signé : Claude Cornulier, Gabriel de Goullayne, Louis de Goullayne de la compagnie de Jésus, Lesbaupin et Belon, notaires royaux à Nantes.

Extrait des registres de la paroisse de Saint-Jean-en-Saint-Pierre de Nantes.

Le 23 juin 1674, en lief du corps de H. et P. dame Claude *de Cornulier*, veuve de Goulaine, pour être inhumé à haute Goulaine, suivant le testament et dernière volonté de ladite dame.

Extrait des registres des délibérations du chapitre de la cathédrale de Nantes.

Le 7 septembre 1587, délibération au sujet d'un banc que le sieur *de La Haye Cornulier* a fait mettre dans l'église de Sainte-Luce, et d'actes qu'il aurait fait faire par la cour de La Haye en Sainte-Luce, où il n'y a aucune juridiction.

Du 11 mai 1601, permission à messire Claude *de Cornulier*, seigneur de La Haye, de faire construire une chapelle dans l'église de Sainte-Luce et la sacristie de ladite église, et d'y mettre ses armes au vitrail avec celles du chapitre.

Du lundi, 8 juin 1615, sur la requête verbale faite au chapitre par M. Robin, pour et au nom de M. le général *de La Touche Cornulier*, tendante à ce qu'il plût à la compagnie d'accepter et avoir agréable la fondation d'un anniversaire solennel qu'il désire faire et doter en cette église, et, pour la grande dévotion qu'il a à Saint-Clair, lui permettre et accorder un enfeu pour lui et toute sa postérité en la chapelle dudit saint faite et construite en ladite église, prohibitif à tous autres, de quoi ledit Cornulier la suppliait et réquérait humblement. La compagnie, après mure délibération, les voix et suffrages d'un chacun recueillis, a accepté ladite fondation, à l'instar des autres anniversaires solennels ; et quant est de l'enfeu prohibitif, la chose ayant été ci-devant proposée à monseigneur de Nantes et par lui agréée, elle le lui a pareillement accordé et consenti pour lui et sa postérité, en la susdite chapelle de Saint-Clair, à l'endroit où il sera avisé le plus décent et le plus commode, et d'y faire élever un tombeau dans l'épaisseur de la muraille et cela en considération, tant de la susdite fondation que d'autres bienfaits dont ledit sieur Cornulier et les siens ont obligé cette église ; consentant qu'il s'en passe acte en bonne et due forme pour demeurer vers ledit sieur et lui valoir.

Du 3 décembre 1621, permission à M. *de La Touche* de mettre ses armes au chœur de l'église de Sainte-Luce et aux vitraux, au-dessous de celles du chapitre, ayant fait bâtir ledit chœur.

Du 9 août 1623, permission de moulin à M. *de La Touche Cornulier*. (Le chapitre de Saint-Pierre était seigneur de la paroisse de Sainte-Luce).

Du lundi, 15 novembre 1645, messieurs ont ordonné que dorénavant l'anniversaire de défunt M. *de La Touche Cornulier*, décédé le 11 des présent mois et an, mis en l'enfeu sous la chapelle Saint-Clair, sera célébré le 10 de novembre chacun an, qui auparavant fut célébré au 9 octobre.

Du 19 août 1733, sur ce qui a été représenté au chapitre qu'on commençait à démolir l'autel et la chapelle de Saint-Clair, ainsi qu'il est porté dans le devis des ouvrages à faire au chœur de cette église, le chapitre arrête que ledit autel sera placé dans la chapelle ou croisée neuve (c'est la chapelle du tombeau de François II ou transept du sud) devant le mur qui sépare ladite croisée de la sacristie.

Nota. La chapelle Saint-Clair, qui était anciennement dans le chœur même, du côté de l'épitre, fut, comme on voit, transportée en 1733 dans le transept du midi; de là elle a été de de nos jours, reportée dans la première chapelle du bas côté adjacent.

Du 7 septembre 1733, le chapitre étant obligé de prendre les chapelles de Saint-Clair et de Saint-Félix pour former le chœur et le sanctuaire de cette église, suivant le projet approuvé par M. l'intendant, afin de pouvoir faire l'office décemment, et ayant arrêté le 19 août dernier de réédifier l'autel de Saint-Clair, premier évêque de Nantes, dans la croisée neuve, près la sacristie, a consenti de faire placer le mausolée de feu M. *de La Touche Cornulier* dans le mur de l'ancienne chapelle de Saint-Clair, immédiatement au-dessus de l'enfeu et le plus près que faire se pourra de l'entrée du chœur, avec les armoiries de la même façon qu'elles étaient ci-devant ; le tout conformément à l'acte du 29 juillet 1615, passé entre le chapitre et M. de La Touche Cornulier.

Nota. Claude *de Cornulier* et Judith Fleuriot, sa femme, moururent à très-peu d'intervalle l'un de l'autre et tous les deux à Nantes, sur la paroisse de Sainte-Radégonde, mais on ne peut retrouver leurs actes de décès à cause d'une lacune qui existe dans les registres de cette paroisse du 27 mars 1632 au 3 septembre 1653.

Vᵉ DEGRÉ.

Hommage de La Touche au prince de Condé.

Du 28 septembre 1642, messire Pierre *Cornulier*, chevalier, seigneur de la chatellenie de La Touche, de Châteaufremont, La Haye,etc.,conseiller du Roi en ses conseils et président en son Parlement de Bretagne, confesse tenir et relever de vous T. H. T. P. et très-excellent prince monseigneur Henri de Bourbon, 1ᵉʳ prince du sang, etc.; sous votre châtellenie de Nozay, la terre et châtellenie de La Touche avec ses terres, fiefs et juridictions de Toullan, La Rivière, Rozabonnet et Procé y annexés, qu'il tient de vous, monseigneur, savoir lesdits fiefs, terres et seigneuries de La Touche, La Rivière, Rozabonnet et Procé, leurs appartenances et dépendances, à devoir de foi, hommage, rachat et chambellénage; et au regard de Toulan, à foi, hommage et en juveigneurie, sans parage. A la possession desquelles choses il déclare être venu par démission que lui en a faite messire Claude *Cornulier*, seigneur de La Touche, son père, et se présente devant vous, monseigneur, pour vous faire lesdites redevances, suppliant y être reçu, offrant vous fournir aveu dans le temps de la coutume, signé : *Cornulier*.

Monseigneur étant en sa ville de Nozay, a reçu ledit sieur Cornulier auxdites foi, hommage lige et juveigneurie, et à ledit sieur Cornulier payé le devoir de chambellénage, signé : *Henry de Bourbon* et Lumenay, greffier.

Du 18 mars 1643, transaction au sujet d'une redevance féodale entre H. et P. seigneur messire Pierre *Cornulier*, chevalier, seigneur de La Haye, La Châtellenie de La Touche, etc., conseiller du Roi en ses conseils et président au Parlement de Bretagne. étant de présent à son château de La Touche en Nozay, d'une part; et François Mouraud, écuyer, seigneur du Deron, La Herbretaye, en Marsac, d'autre part, signé : Cornulier, François Mouraud, Chigner et Leduc, notaires de la châtellenie de La Touche.

Des 5 janvier 1642 et 29 février 1650, aveux rendus à H. et P. seigneur messire Pierre *Cornulier*, seigneur de la châtellenie de La Touche, La Haye, Chateaufremont, le Roudourou, l'Etang, La Villebasse, etc., conseiller du Roi en ses conseils d'État et privé, et président au Parlement de Bretagne.

Du 25 janvier 1646, contrat de constitution de 500ˡ de rente, au capital de 8,000ˡ, consenti par messire Pierre *Cornulier*, chevalier, seigneur de La Touche, conseiller du Roi en ses conseils et président en sa cour de Parlement de Bretagne, demeurant à Nantes, paroisse Sainte-Radégonde, au profit de messire René Charette, seigneur de La Bretonnière, conseiller du Roi en ses conseils d'État et privé, et de dame Charlotte *de Cornulier*, son épouse, signé : Cornulier, René Charete, Charlotte Cornulier, Coudret et Charier, notaires royaux à Nantes.

Et du 11 mai 1660, acte par lequel messire René Charete, chevalier, seigneur de La Bretonnière, La Guidoire, Montebert, etc., conseiller d'État, et dame Charlotte *Cornulier*, son épouse, donnent quittance à dame Marie des Houmeaux, veuve de défunt messire Pierre *Cornulier*, seigneur de La Haye, conseiller du Roi en ses conseils et président au Parlement de Bretagne, et à messire Claude *Cornulier*, chevalier, seigneur de La Touche, La Haye, etc., conseiller du Roi en ses conseils et président au Parlement de Bretagne, fils aîné, héritier principal et noble dudit défunt Pierre Cornulier et de Marie des Houmeaux, de la somme de 8,000ˡ et de ses arrérages mentionnée en un acte de constitution de 500ˡ de rente du 25 janvier 1646, attendu que le tout est entré dans le paiement de la charge de conseiller au grand conseil que ladite dame des Houmeaux et ledit seigneur son fils auraient vendue audit seigneur de la Bretonnière par traité du 9 juillet 1659 au rapport de Lucas, notaire royal à Nantes, signé : René Charete, Charlotte Cornulier, Claude Cornulier, Béru et Charier, notaires royaux à Nantes.

Du 15 octobre 1649, sentence des requêtes du palais de Paris, entre messire Pierre *Cornulier*, seigneur de La Touche, conseiller du Roi en ses conseils, président au Parlement de Rennes ; dame Louise *de Cornulier*, femme de messire Nicolas Foucault, conseiller au grand conseil ; Charles *Cornulier*, écuyer, seigneur des Croix ; messire Gabriel de Goulaine, marquis de Goulaine, et dame Claude *Cornulier*, son épouse ; par laquelle la cour ordonne que la succession collatérale de feu messire Jean Fleuriot, vivant seigneur du Roudourou, sera partagée entre ledit président de Cornulier et ses puinés ainsi qu'il appartient en succession noble et de gouvernement noble, suivant la coutume de Bretagne où les biens sont situés.

Du 19 janvier 1650, accord sur partage entre messire Gabriel de Goulaine, seigneur marquis dudit lieu, vicomte de Saint-Nazaire, etc., et dame Claude *de Cornulier*, sa compagne, d'une part ; et messire Pierre *Cornulier*, chevalier, seigneur de La Touche, conseiller d'État et président au Parlement de Bretagne, frère aîné de ladite dame et héritier principal et noble de défunt messire Jean Fleuriot, chevalier, seigneur du Roudourou, leur cousin-germain, décédé depuis les quatre ans. En laquelle succession collatérale, lesdits marquis et marquise de Goulaine

sont fondés avoir part aux meubles et acquets et immeubles
roturiers, comme puînés en succession de gouvernement noble,
ainsi qu'il a été ordonné par sentence des requêtes du palais de
Paris, le 15 octobre 1649. Vu l'état des biens de ladite succession fourni par ledit seigneur président, lesdits seigneurs et
dame de Goulaine se sont contentés de la somme de 16,000¹, à
laquelle les parties ont composé pour tous leurs droits et prétentions et qui leur a été payée par ledit président, signé : Cornulier, Gabriel de Goullayne, Claude Cornulier, Coudret et
Charier, notaires royaux à Nantes.

Du 30 septembre 1659, quittance respective entre H. et P.
dame Marie des Houmeaux, veuve de défunt H. et P. messire
Pierre *Cornulier*, chevalier, seigneur de La Haye, La Touche, etc.,
conseiller du Roi en ses conseils d'état et privé et président au
Parlement de Bretagne, demeurant à Nantes, près les Jacobins,
paroisse Sainte-Croix ; et H. et P. messire Claude *Cornulier*, seigneur desdits lieux, aussi conseiller du Roi en ses conseils d'état
et privé et président en son Parlement de Bretagne, demeurant
à Rennes, rue du Champ-Jacquet, paroisse de Saint-Aubin ; en
conséquence de l'acte d'accord et transaction fait entre eux
devant Belon l'aîné, notaire royal, le 28 janvier 1658. L'inventaire des meubles meublants et argenterie existant à la
maison noble de La Haye, paroisse de Sainte-Luce, fait après le
décès dudit défunt seigneur de La Haye, du 2 au 15 janvier 1658,
se montait au total à 10,736¹ 10ˢ 3ᵈ, desquels ledit seigneur
président, reconnaît en avoir ci-devant pris et enlevé du consentement de ladite dame des Houmeaux, sa mère, pour 3,356¹,
suivant leur prisage, et le restant est demeuré à ladite dame
des Houmeaux ; à quoi ajoutant 789¹ valeur d'autres meubles
pris au lieu noble de La Touche et à Rennes, dont ladite dame
reconnaît pareillement être saisie, se montent ensemble à 8,169¹,
pour ledit seigneur président demeurer quitte vers ladite dame,
sa mère, des fournitures de meubles qu'il avait promis lui dé-
laisser par l'acte ci-dessus, dont elle se tient contente, signé :
Marie des Houmeaux, Cl. Cornulier, Lemerle et Lebreton, notaires royaux à Nantes.

Nota. Hors de son semestre au Parlement, Pierre de Cornulier habita d'abord le château de La Touche ; puis, après la
mort de son père, le château de La Haye. Les registres originaux de la paroisse de Nozay ont tous été brûlés en 1792, et les
doubles qui existent au greffe de Châteaubriant ne remontent
qu'à 1668. Les registres originaux de la paroisse de Sainte-Luce
ne remontent non plus qu'à l'année 1668, comme les doubles
qui existent au greffe du tribunal civil de Nantes ; c'est là ce qui
empêche de trouver aucun acte qui concerne Pierre de Cornulier
dans les registres des deux paroisses rurales qu'il a habitées.

Extrait des registres de la paroisse de Saint-Etienne, de Rennes.

Le 11 novembre 1634, a été baptisé Pierre, fils de messire Pierre *Cornulier*, seigneur de La Haye, conseiller au Parlement de Bretagne, et de dame Marie des Houmeaux : parrain monseigneur Pierre Cornulier, évêque de Rennes ; marraine Renée Raoul, dame de la Prévalaye, signé : P. Cornulier, évêque de Rennes, Renée Raoul, Cornulier, Georges de Talhouet, Charles Champion, Judith Thevin.

Le 10 novembre 1635, a été baptisée Marie-Henriette, fille de messire Pierre *Cornulier*, seigneur de La Haye, conseiller au Parlement de Bretagne, et de dame Marie des Houmeaux, parrain, Thébaud de Tanouarn, seigneur de Conneray, conseiller au Parlement de Bretagne, marraine, Henriette Du Breil.

Le 1er mars 1637, a été baptisée Judith, fille de Pierre *Cornulier*, seigneur de La Haye, conseiller au Parlement de Bretagne, et de Marie des Houmeaux, parrain, Guillaume de la Noue, seigneur de Vair, conseiller au Parlement de Bretagne, marraine, Judith Thevin, dame baronne de Cicé.

Le 20 janvier 1642, a été baptisée Charlotte, fille de messire Pierre *Cornulier*, chevalier, seigneur de La Haye, de Châteaufremont, etc., conseiller du Roi en ses conseils, président au Parlement de Bretagne, et de dame Marie des Houmeaux, parrain, Charles Champion, baron de Cicé, conseiller au Parlement de Bretagne, marraine, Charlotte Du Han, dame de Francheville.

Le 31 janvier 1644, a été baptisé Martin, né le 20 dudit mois, fils de messire Pierre *Cornulier*, chevalier, seigneur de La Haye, de La Touche, baron de Châteaufremont, etc., conseiller du Roi en ses conseils, président au Parlement de Bretagne, et de dame Marie des Houmeaux, parrain, messire Martin de Savonnières, seigneur baron de La Troche, conseiller au Parlement de Bretagne, marraine, dame Louise de La Bouexière, dame du Bourblanc.

Extrait des registres des délibérations du chapitre de la cathédrale de Nantes.

Le 13 décembre 1656, M. des Gravelles (Charles de Cornulier) fait avertir messieurs que hier au soir décéda à La Haye, M. le président *de Cornulier*, son frère, lequel désire être inhumé dans son enfeu, en la chapelle de Saint-Clair, et les a priés de vouloir faire l'enterrement demain au soir et célébrer mardi une messe solennelle pour ledit défunt, ce que le chapitre a accordé.

Le 3 mai 1673, enterrement de messire Pierre *Cornulier* en l'enfeu de Saint-Clair.

Le 11 septembre 1680, a été représenté à MM. du chapitre que madame la présidente *de Cornulier* (Marie des Houmeaux) était décédée en son logis, paroisse Saint-Laurent, et leur a été demandé de faire la sépulture en cette église, à cause de l'enfeu que ses parents y ont en la chapelle Saint-Clair, ce que le chapitre a accordé et a arrêté de faire demain au soir ladite sépulture et de célébrer vendredi la messe solennelle de l'enterrement avec le son et glas ordinaire de toutes les cloches, et pour faire l'enlief du corps a député M. Du Breil, chanoine.

Le Boismaqueau était venu à Marie des Houmeaux de Françoise Raoul, sa mère ; les Raoul tenaient cette terre de la famille de Bailleul, à laquelle elle était échue des Fournier, comme le prouve un aveu du 9 janvier 1577, rendu au seigneur d'Ancenis, pour les terres et seigneuries du Boismaqueau, en la paroisse de Teillé ; de Bourmont, en la paroisse de Pannecé, et la haute justice de La Bourdinière, par écuyer René de Bailleul, seigneur desdites terres, conseiller au Parlement de Bretagne, héritier principal et noble de défunte demoiselle Jacquemine Fournier, sa mère, dame desdits lieux.

VIᵉ DEGRÉ

Du 1ᵉʳ octobre 1663, acte par lequel H. P. messire Claude *Cornulier*, seigneur de La Haye, La Touche, Le Roudourou, Châteaufremont et autres lieux, conseiller du Roi en ses conseils d'Etat et privé et président en sa Cour de Parlement de Bretagne, demeurant à Rennes, paroisse Saint-Aubin, subroge et transporte à H. et P. dame Marie des Houmeaux, veuve de défunt H. et P. messire Pierre *Cornulier*, seigneur desdits lieux, conseiller du Roi en ses conseils d'Etat et privé et président en sa Cour de Parlement de Bretagne, demeurant à Nantes, paroisse Saint-Léonard, la somme de 3828ˡ due audit seigneur président par messire René Charette, seigneur de La Bretonnière, suivant l'acte de procompte fait entre eux le 18 avril 1661 au rapport de Julien Lucas, notaire royal ; pour user de ladite créance, ladite dame de La Haye, sa mère, tout ainsi que ledit seigneur président, son fils, avait le droit de le faire lui-même, signé : Marie des Houmeaux, Cl. Cornulier ; Coudret et Lebreton, notaires royaux à Nantes.

Du 26 novembre 1663, acte de constitution d'une rente de 375ˡ, au capital de 6,000ˡ, consentie par H. et P. dame Marie des Houmeaux, veuve de défunt H. et P. messire Pierre *Cornulier*, seigneur de La Haye, La Touche, Châteaufremont, etc., conseiller du Roi en ses conseils d'Etat et privé et président au Parlement de Bretagne, demeurant à Nantes, rue de la Garde-Dieu, paroisse Saint-Léonard, faisant le fait valable tant pour elle que pour H. et P. messire Claude *Cornulier*, seigneur desdits lieux, aussi conseiller du Roi en ses conseils d'Etat et privé et président au Parlement de Bretagne, au profit de H. et P. messire Gabriel de Goulaine, chevalier, seigneur, marquis dudit lieu et de H. et P. dame Claude *Cornulier*, son épouse, signé : Marie des Houmeaux, Gabriel de Goullaine, Claude Cornulier. Lemerle et Lebreton, notaires royaux à Nantes. Du 1er février 1664, ratification de l'acte de constitution ci-dessus par Claude *Cornulier*, signé : Cl. Cornulier et des mêmes notaires.

Du 16 juillet 1670, acte de franchissement de la constitution ci-dessus par H. et P. dame Claude *Cornulier*, veuve de défunt H. et P. messire Gabriel, marquis de Goulaine, au rapport des mêmes notaires, signé : Claude Cornulier et Marie des Houmeaux.

Du 15 février 1670, contrat d'acquet fait à Nozay par H. et P. messire Claude *Cornulier*, seigneur de La Haye, Le Roudourou, La Villebasse, La Touche, baron de Châteaufremont, comte de Vair, conseiller du Roi en ses conseils d'Etat et privé et président à mortier au Parlement de Bretagne.

Du 20 octobre 1673, induction d'actes et titres faite en la chambre royale du domaine à Rennes, pour satisfaire à l'édit de S. M. pour la vérification des justices de cette province de Bretagne, par messire Claude *Cornulier*, chevalier seigneur de La Touche, conseiller du Roi en ses conseils et président à mortier au Parlement de Bretagne, à ce qu'il plaise à nos seigneurs de la chambre, maintenir et conserver mondit seigneur le président Cornulier en ses droits de haute, moyenne et basse justice en sa terre et châtellenie de La Touche, de La Rivière, Croix-Merhan, Rozabonnet, Procé et Toulan, s'étendant en la paroisse de Nozay et relevant de ladite baronnie de Nozay, etc. Induit :

1° Deux aveux des 20 et 25 juin 1610, rendus à monseigneur le duc de Montmorency, dans lesquels les droits de H. M. et B. Justice sont amplement spécifiés.

2° Lettres du 9 février 1611 portant réunion desdits fiefs et juridictions de la Rivière, Croix-Merhan, Rozabonnet, Procé et Toulan et érection de ladite terre de La Touche en châtellenie, après avoir observé toutes les formalités en tel cas requises, vérifiées et enregistrées au Parlement, lues et publiées au Présidial de Nantes. Lesdites lettres, du 9 février 1611, signées par le Roi, la Reine régente, sa mère, présente et scellées du grand sceau. Avec sept pièces y annexées des 20 et 26 août, 23 et 25 septembre, 10 et 11 octobre 1611.

3° Aveu rendu au prince de Condé, seigneur de Nozay, le 4 mai 1643, signé : P. Cornulier, avec la réception au pied, du 7 juin suivant.

4° Neuf pièces justifiant l'exercice de ladite juridiction, tant en matière criminelle que civile, dès avant l'an 1405.

5° Cent cinquante-neuf pièces justifiant la continuation dudit exercice des années 1610 à 1668 et huit registres d'audiences des années 1560 à 1671, signé : C. Cornulier.

Du 18 septembre 1674, procès-verbal des armes et écussons existant tant en dedans qu'au dehors de l'église d'Anetz, dressé par Louis Charette, seigneur de la Gâcherie, sénéchal de Nantes, à la requête de messire Claude *Cornulier*, chevalier, seigneur de La Touche, La Haye, Vair, Anetz, Châteaufremont, La Renouardière, Le Roudourou, La Villebasse, etc., conseiller du Roi et président à mortier au Parlement de Bretagne. Lequel est dans le dessein de faire mettre ses armes autour et dans ladite église paroissiale d'Anetz et dans les vitraux d'icelle, comme en étant le seul seigneur prééminencier par retrait qu'il en a fait sur défunt Guy de Lesrat, conseiller au Parlement de Bretagne, qui en était demeuré adjudicataire sous la saisie apposée à la requête de messire Claude de Sesmaisons, sur ladite terre et seigneurie d'Anetz et autres. Il résulte de ce procès-verbal qu'il n'existait alors dans l'église d'Anetz d'autres armes que celles de *Chevigné* et de *Cardonne*.

Du 19 février 1680, acte d'augmentation de la fondation de la chapellenie de Saint-Michel de Nozay, à la charge par le chapelain de dire, en plus de celles qu'il doit, deux messes par semaine, lesquelles devront être célébrées dans la chapelle du château de La Touche quand les fondateurs ou leurs enfants y résideront. Ladite augmentation faite par H. et P. dame Marie des Houmeaux, veuve de H. et P. seigneur messire Pierre *de Cornulier*, vivant chevalier, seigneur de La Haye, La Touche, Châteaufremont, Le Roudourou, etc., conseiller du Roi en ses conseils et président à mortier au Parlement de Bretagne, demeurant à Nantes, rue et paroisse de Saint-Léonard, et par H. et P., seigneur messire Claude *de Cornulier*, chevalier, seigneurs des dits lieux et De Vair, aussi conseiller du Roi en ses conseils et président à mortier au Parlement de Bretagne. Au rapport de Bretesché et Lebreton, notaires royaux à Nantes. Avec l'homologation du vicaire général de l'évêque de Nantes en date du 22 février 1680. Et, du 29 mars 1681, acte de présentation à ladite chapellenie par messire Claude Cornulier, chevalier, conseiller du Roi en ses conseils et président à mortier au Parlement de Bretagne, seigneur de La Touche, La Haye, Le Roudourou, La Villebasse, baron de Châteaufremont, comte de Vair, etc., étant de présent à son château de La Touche, paroisse de Nozay, signé : Claude Cornulier, Guibour et Bouton, notaires de la châtellenie de Nozay.

Du 22 juillet 1683, procuration au rapport des notaires de Nozay par laquelle messire Claude *Cornulier*, chevalier, seigneur de La Haye, La Touche, Châteaufremont, Vair, etc., conseiller du Roi en ses conseils et président à mortier au Parlement de Bretagne, et dame Renée Hay, son épouse, demeurant à leur château de Vair, paroisse d'Anetz, de présent à leur château de La Touche, paroisse de Nozay, déclarent s'engager solidairement dans un emprunt de 1,300ᵗ que se propose de faire écuyer Alexis du Boisbéranger, seigneur dudit lieu, demeurant paroisse de Gosné. Du 24 juillet 1683, acte dudit emprunt contracté à Nantes d'avec les religieuses Ursulines représentées par sœurs Isabelle le Peigné, prieure ; Jeanne de Bastelard, sous-prieure ; Catherine *de Cornulier*, conseillère ; Bonne Thérèse Préseau ; Marie-Gabrielle de Goulaine, procureuse, et Marie *Cornulier*, dépositaire. Dans l'acte de franchissement dudit emprunt, en date du 22 décembre 1695, figurent : Sœurs Catherine *de Cornulier*, conseillère ; Marie-Gabrielle de Goulaine, sous-prieure ; Marie de Santo-Domingue ; Jeanne Fourché ; Anne d'Anthenaise et Marie *de Cornulier*, procureuse, au rapport de Lebreton, notaire royal à Nantes.

Du 14 avril 1707, acte de constitution de rente consentie par dame Renée Hay, veuve de défunt messire Claude *Cornulier*, chevalier, seigneur marquis de Châteaufremont, président à mortier au Parlement de Bretagne, demeurant à Nantes, à la maison des Filles pénitentes, paroisse de Saint-Léonard, conjointement avec messire Joseph de la Grue, chevalier, seigneur de la Frudière, et messire René de Kermoisan, chevalier, seigneur de Trésiguidy, au profit de Jean Cherouvrier, écuyer, seigneur des Grassières, secrétaire du Roi, signé : Renée Hay de Cornulier, douairière ; René de Kermoisan ; Joseph de la Grue ; Cherouvrier des Grassières. Alexandre, notaire royal à Nantes.

Du 14 août 1715, acte de constitution d'une rente de 444ᵗ 8ˢ 10ᵈ, au capital de 8,000ᵗ, consentie par dame Renée Hay, veuve de messire Claude *de Cornulier*, chevalier, seigneur marquis de Châteaufremont, conseiller du Roi en ses conseils, président à mortier au Parlement de Bretagne, demeurant à Nantes, dans la maison des Filles pénitentes, paroisse de Saint-Léonard, tant en son privé nom que comme procuratrice de messire Jean-Paul Hay, chevalier, seigneur des Nétumières, conseiller au Parlement de Bretagne, et de dame Elisabeth *de Cornulier*, son épouse ; au profit de Jean Cherouvrier, écuyer, sieur des Grassières, secrétaire du Roi, inspecteur général de la marine en la Haute-Bretagne. Laquelle somme principale de 8,000ᵗ ledit seigneur des Grassières a payée, par M. Masson, secrétaire du Roi, à M. le marquis de Simiane, en l'acquit desdits seigneur et dame des Nétumières, pour la valeur des meubles garnissant la maison des Rochers près Vitré, vendue par ledit seigneur marquis de Simiane auxdits seigneur et dame des Nétumières, par contrat passé à Paris, au rapport de Gendron, notaire royal à Nantes.

COMTÉ DE VAIR.

Ordre chronologique des possesseurs des terres et seigneuries de Vair, Anetz et Savenières, tiré d'un mémorial des archives de Vair.

Il se remarque par les actes étant au Trésor des Archives du château de Vair que H. et P. seigneur Jean de Vair était seigneur de ladite terre, en la paroisse d'Anetz, en l'année 1446. Guy de Vair lui succéda à ladite terre et la posséda quelque temps et eut pour successeur Hervé de Vair, lequel rendit aveu au Duc, en 1465, d'une partie de ladite terre.

Sévestre du Chaffault, seigneur du Chaffault en la paroisse d'Anetz, entra en possession de la terre de Vair apparemment par acquet. Il s'en vit possesseur en 1493 et la vendit en 1496 à Jean-François de Cardosne, conseiller du Roi, maître ordinaire de son hôtel et général de ses finances en Bretagne, et à Françoise de La Boissière, sa femme. Pendant leur mariage, ils achetèrent de Jean du Chaffault et d'Anne de Saint-Marsault, sa femme, par contrat de l'an 1505, la seigneurie du Chaffault en Anetz. Anne de Cardosne, fille et héritière de Jean-François et de Françoise de la Boissière, épousa Philibert Tissart et mourut en 1530. Le rachat dû par son décès fut payé en 1533, par ledit Tissart à la seigneurie de La Motte-Glain.

Anne de Cardosne laissa une fille et un fils : Claude et Joachim Tissard. Ce dernier fit hommage au Roi de partie de la terre de Vair en 1540 et rendit aveu d'autre partie à la seigneurie de Donges en 1543 ; il mourut sans enfants, et sa sœur, Claude Tissart lui succéda. Celle-ci épousa François d'Argy, qui rendit aveu de partie de Vair à la seigneurie de La Motte-Glain en 1558 et pour une autre partie au Roi en 1560.

De leur mariage naquit une fille, Claude d'Argy, qui paya, en 1573, le rachat échu à La Motte-Glain par la mort de ses père et mère ; elle épousa René du Breil, avec lequel elle vivait en 1576. Etant venue à mourir, ledit du Breil, comme père et garde naturel de ses enfants, fit hommage au Roi en 1579 et paya les rachats échus aux seigneuries de Donges et de La Motte-Glain en 1601 et 1603.

La terre et seigneurie de Vair ayant été saisie par les créanciers de René du Breil et de sa femme, elle fut vendue au Présidial de Nantes, en 1605, à messire Guillaume de La Noue, conseiller au Parlement de Bretagne, et à dame Anne *de Cornulier,* sa femme, qui la possédèrent jusqu'à l'année 1640, que mourut ledit de La Noue après y avoir annexé plusieurs domaines. Anne de Cornulier, qui était restée communière et donataire après la mort de son mari, se démit de ses droits entre les mains de messire Charles de La Noue, conseiller à la Cour des Aydes de Paris, son fils aîné, en faveur de son mariage avec demoiselle Elisabeth de Moussy, par contrat de 1643.

Les créanciers de Charles de La Noue, (au nombre desquels étaient les chanoines de Saint-Pierre de Nantes, qui le firent même renfermer au Bouffay) firent saisir, d'autorité des requêtes du Palais, en 1648, la terre et seigneurie de Vair, mais cette saisie ayant traîné en longueur, elle n'empêcha pas ledit seigneur de La Noue d'acquérir les juridictions d'Anetz et de Savenières avec leurs dépendances d'avec messire Claude de Sermaisons, moyennant 12,800^l, par contrat du 19 septembre 1651. Après ledit acquet, il fit annexer les seigneuries de Vair, du Chaffault, d'Anetz et de Savenières, et ériger le tout en titre de comté. Et par autres lettres particulières, il fit établir des foires et un marché au bourg d'Anetz.

Cependant, les créanciers du sieur de La Noue ayant poursuivi leur saisie, ils y firent joindre par requête les nouveaux acquets et le tout réuni fut adjugé aux requêtes du Palais, au mois de janvier 1665, au sieur de Lesrat, conseiller au Parlement, pour la somme de 112,600^l, et en même temps retiré par action de prémesse par messire Claude *de Cornulier*, conseiller du Roi en ses conseils et président à mortier au Parlement de Bretagne, cousin remué de germain dudit sieur de La Noue, maintenant en possession dudit comté avec dame Renée Hay, sa compagne, auxquels l'auteur souhaite une vie remplie de toutes bénédictions en longues années.

ANETZ.

Il se voit dans les archives dudit comté de Vair que Collin Le Comte était possesseur de la seigneurie d'Anetz en 1366. Jean Le Comte lui succéda en 1413 et laissa pour son héritier Isabeau Le Comte, qui épousa, en ladite année 1413, Girard de Chevigné. Gilles de Chevigné succéda à Girard, à la terre d'Anetz en 1456, et René succéda à Gilles en 1504. René était aussi seigneur de Savenières en 1533. Arthur de Chevigné succéda à René audit an 1533 et rendit aveu de Savenières à la seigneurie de Varades en 1543. Christophe de Chevigné était seigneur d'Anetz et de Savenières en 1559, mais on ne voit point comment ces fiefs passèrent de ses mains en celles de Françoise de Lesrat qui les possédait en 1620, époque à laquelle, étant veuve d'écuyer Christophe de Sesmaisons, elle en fit hommage, *de son chef*, au seigneur de Vendôme, baron d'Ancenis.

3

SAVENIÈRES.

Roland-Chaperon était seigneur du fief de Savenières, en Anetz, en 1432. Girard de Chevigné, mari d'Isabeau Le Comte, lui rendit aveu, en ladite année, de la terre et seigneurie d'Anetz, comme son sergent féodé de Savenières, pour cause de ladite Le Comte. Pierre Chaperon succéda à la seigneurie de Savenières, en 1474, mais il ne la garda pas longtemps, car François Chaperon la possédait en 1476, et en avait fait hommage au seigneur de Varades dès 1474, par procuration donnée à Gilles de Chevigné, qui était alors seigneur d'Anetz.

En 1493, la seigneurie de Savenières appartenait à Jeanne Chaperon, femme de noble Gilles de Clerambault. En 1504, elle était possédée par René de Chevigné. Arthur de Chevigné lui succéda en 1533 et en rendit aveu à Varades en 1543. Christophe de Chevigné succéda à Arthur en 1559, comme on l'a déjà dit à l'article *Anetz*. (Voyez t. 1er, p. 120 et 121 et t. 2, p. 138 et 139.) Les actes recueillis par les Bénédictins pour servir de preuves à l'histoire de Bretagne prouvent que dès l'an 1140, la terre de Vair appartenait à Samuel de Vair. En 1240, Geoffroy de Vair, chevalier, donna aux moines de Pontron, en Anjou, une métairie sise en la paroisse d'Anetz.

Pierre tombale, dans la chapelle des Pénitentes à Nantes,
(aujourd'hui l'hôtel de Bretagne).

> CY GIST LE CORPS
> DE DAME RENÉE HAY DES
> NÉTUMIÈRES, VEUVE DE
> DÉFUNT MONSIEUR
> LE PRÉSIDENT DE CORNULIER,
> LAQUELLE A SOUHAITÉ
> ÊTRE INHUMÉE EN
> CE LIEU POUR RENOUVELER
> AUX FILLES PÉNITENTES
> LA MÉMOIRE DE SON
> AFFECTION POUR ELLES
> ET LES OBLIGER DE
> PRIER DIEU POUR LE
> REPOS DE SON AME.

Extrait des registres des délibérations du chapitre de la cathédrale de Nantes.

Le 19 novembre 1660, enterrement de madame la présidente *de Cornulier* à Saint-Clair. (C'est Marie-Madeleine Guyet).

Le samedi 29 mai 1700, madame de Cornulier mande au chapitre qu'elle souhaite que le corps de messire Claude *de Cornulier*, chevalier, seigneur de Châteaufremont, président à mortier au Parlement de cette province, décédé ledit jour, sur les deux heures du matin, en sa maison de Vair, soit enterré dans l'enfeu accordé à ses ancêtres en cette église, dans la chapelle de Sainte-Clair, et prie messieurs de désigner le jour auquel ils voudront en faire l'enterrement avec les solennités requises; sur quoi le chapitre délibérant a arrêté d'en faire l'enterrement mercredi prochain sur les dix heures du matin. (Il paraît être le dernier qui ait été inhumé à Saint-Clair).

Extrait des registres de la paroisse de Saint-Aubin de Rennes.

Du 3 mai 1663. Après trois bannies de futur mariage entre H. et P. seigneur messire Claude *Cornulier*, président à mortier au Parlement de Rennes, et demoiselle Renée Hay, dame des Nétumières, noble et discret messire Pierre Huart, trésorier et chanoine de l'église cathédrale de Rennes, leur a administré la bénédiction nuptiale en la paroisse de Cesson, le 3 mai, jour de l'Ascension, de l'année 1663, en présence de M. des Nétumières, de madame la douairière de Cornulier, de M. de La Prévalaye et autres.

Le 22 août 1666 a été baptisée Françoise–Pélagie, fille de H. et P. messire Claude *Cornulier*, conseiller du Roi en ses conseils et président à mortier au Parlement de Bretagne, et de H. et P. dame Renée Hay, sa compagne, seigneur marquis de La Touche, La Haye, Châteaufremont, etc. Parrain, messire Pierre *Cornulier*, conseiller du Roi en ses conseils et maître de l'oratoire de S. A. R. Monseigneur le duc d'Orléans, abbé de Cornulier; marraine, H. et P. dame Françoise de Bréhant, femme de H. et P. messire Paul Hay, seigneur baron de Tizé. Et est née ladite Françoise -Pélagie le 19 de ce mois.

Le 29 mai 1668 a été baptisée Jeanne-Thérèse, fille de H. et P. seigneur Claude *Cornulier*, seigneur de La Haye, conseiller du Roi en ses conseils et président à mortier au Parlement de Rennes, et dame Renée Hay, sa compagne. Parrain, messire Toussaint *de Cornulier*, son frère aîné; marraine, dame Jeanne de Marbœuf, et, du lendemain, 30 mai, enrerrement de ladite Jeanne-Thérèse, âgée d'environ un mois.

Le 24 octobre 1673 a été baptisé François-Joseph, fils de messire Claude *Cornulier*, seigneur de La Haye, conseiller du Roi en ses conseils et président à mortier au Parlement de Bretagne, et de dame Renée Hay, sa compagne, tenu sur les saints fonds par de pauvres gens, par dévotion, signé : Claude Cornulier, Jeanne Huart, Jeanne-Françoise-Angélique Hay. Ledit François-Joseph enterré dans cette église le 2 octobre 1674.

Extrait des registres de la paroisse d'Anetz.

Le 5 janvier 1668, mourut messire Guillaume de La Nouc, président au Parlement de Bretagne, seigneur d'Anetz et de Vair.

Le 5 juillet 1669, furent parrain et marraine H. et P. messire Claude *Cornulier*, conseiller du Roi en ses conseils, président au Parlement de Bretagne, seigneur de Vair, et dame Marie des Houmeaux, veuve de défunt H. et P. messire Pierre *Cornulier*, vivant conseiller du Roi en ses conseils et président au Parlement de Bretagne, dame de Châteaufremont et La Rouxière.

Le 28 août 1670, fut inhumé dans la chapelle de Vair le corps de messire Pierre-Paul-Marie *Cornulier*, chevalier, âgé de cinq à six ans, fils de H. et P. seigneur messire Claude *Cornulier*, chevalier, conseiller du Roi en ses conseils et président au Parlement de Bretagne, et de H. et P. dame Renée Hay, sa compagne, seigneur et dame de Vair, Anetz, La Touche, etc.

Le 23 septembre 1674, ont été parrain et marraine messire Toussaint *Cornulier*, chevalier, fils de H. et P. messire Claude *Cornulier*, chevalier, seigneur de Vair, etc., et demoiselle Jeanne-Françoise-Angélique Hay, fille de H. et P. messire Paul Hay, chevalier, seigneur des Nétumières, conseiller au Parlement de Bretagne, de la paroisse de Saint-Aubin de Rennes, de présent au château de Vair.

Le 30 août 1682, furent faites les cérémonies d'une des cloches de la paroisse d'Anetz, nommée Anne-Renée par H. et P. messire Claude *Cornulier*, chevalier, comte de Vair, baron de Châteaufremont, seigneur de La Hayé, La Touche, La Villebasse, Le Roudourou, La Renouardière, etc. conseiller du Roi en ses conseils et président à mortier au Parlement de Bretagne, et par dame Renée Hay, son épouse, seigneurs fondateurs de notre église, en présence des soussignés: C. Cornulier, Renée Hay, Françoise-Élisabeth de Cornulier, T. de Cornulier.

Le 5 mars 1685, fut parrain messire Jean-Baptiste *de Cornulier*, chevalier, seigneur du Boismaqueau, La Poëze, La Sionnière, etc., conseiller du Roi en ses conseils, président en la chambre des comptes de Bretagne, et fut marraine H. et P. dame Renée Hay, compagne de H. et P. messire Claude de *Cornulier*, chevalier, marquis de Châteaufremont, comte de Vair, seigneur de La Touche, etc.

Le dimanche 14 septembre 1687, jour auquel l'église romaine fait l'office de l'exaltation de la Sainte-Croix, a été par moi recteur de la paroisse de Saint-Clément d'Anetz, en vertu de la permission de l'évêque de Nantes, fait la bénédiction de la chapelle du château de Vair, en madite paroisse, laquelle est dédiée à la croix adorable de Notre Seigneur, et a été construite et édifiée par les soins et aux dépens de H. et P. seigneur messire Claude *de Cornulier*, chevalier, marquis de Châteaufremont, seigneur de La Haye, La Touche, Le Roudourou, La Villebasse. La Renouardière et autres lieux, conseiller du Roi en ses conseils et président à mortier au Parlement de Bretagne, et de H. et P. dame Renée Hay, sa compagne, qui l'ont si bien fondée et dotée sur leurs biens et enrichie de précieux ornements que je n'ai point fait de difficulté d'y conduire mes paroissiens en procession, et, après la bénédiction faite, d'y célébrer solennellement la grande messe paroissiale à diacre et sous-diacre, le peuple y étant assemblé en grand nombre, signé: *Cornulier*, Renée Hay.

Nota. Il s'agit ici d'une reconstruction à nouveau, car il existait beaucoup plus anciennement une chapelle à Vair, témoins l'enterrement du 28 août 1670, ci-dessus, et un mariage qui y fut fait le 28 juillet 1681.

Le 27 mars 1689, fut parrain messire Toussaint de *Cornulier*, chevalier, marquis de Châteaufremont, seigneur baron de Montrelais, conseiller au Parlement de Bretagne, et marraine dame Renée Hay, compagne de H. et P. seigneur messire Claude de *Cornulier*, etc.

Le 18 juillet 1695, furent mariés dans la chapelle de Vair, messire Jean-Baptiste de Derval, chevalier, seigneur de Brondineuf et demoiselle Renée Hay, fille de feu messire Siméon Hay, comte de Couëslan, signé : J. B. de Derval, Renée Hay de Cornulier, Renée Hay, Pélagie de Cornulier, T. de Cornulier, de La Bourdonnaye de Liré, Élisabeth de Cornulier, etc.

Le 1er décembre 1697, fut célébré dans la chapelle de Vair le mariage de René de Kermoysan avec Marie-Renée de La Grue. signé: René de Kermoysan, Marie-Renée de La Grue, Maurice de Kermoysan, Louis de La Grue, C. de Cornulier, Renée Hay, Jean-Paul Hay, Anne-Marie Douar de Cornulier, Élisabeth de Cornulier, T. F. Pantin de La Guère, le chevalier de La Guère Pantin, François de Quatrebarbes, Marguerite Guérin, Sébastien Guérin de La Rochepalière.

Le 30 mai 1700, ont été inhumées les entrailles de H. et P. messire Claude *de Cornulier*, chevalier, seigneur marquis de Châteaufremont, seigneur de La Haye, du Roudourou, La Villebasse, etc., président honoraire au Parlement de Bretagne, vivant mari de H. et P. dame Renée Hay ; ont assisté au convoi messire *de Cornulier* président honoraire en la chambre des comptes de Bretagne, messire *de Cornulier*, seigneur de Montrelais. Ladite sépulture faite par nous recteur d'Anetz et Gabriel Guérin, recteur de Varades, en présence des recteurs de Saint-Herblon, d'Ancenis et de La Rouxière. Ledit corps aurait été exposé pendant un jour entier dans la chapelle de Vair et

transporté, le 1ᵉʳ juin, par moi recteur d'Anetz, dans la ville
de Nantes, en la maison du seigneur président son frère, pour
le lendemain être inhumé dans l'église de Saint-Pierre par
MM. du chapitre, en la chapelle de Saint-Clair, lieu de leurs
sépultures. Ledit seigneur âgé de 67 ans environ.

Extrait des registres de la paroisse de Saint-Léonard de Nantes.

Le 29 octobre 1713, dame Renée Hay, veuve de messire
Claude *de Cornulier*, chevalier, seigneur de Châteaufremont,
président à mortier au Parlement, est marraine de Renée-
Marie, fille de René Boux et de Marie-Euphrasie *de Cornulier*.

Le 27 août 1718, a été inhumé dans l'église des religieuses
Pénitentes de cette paroisse le corps de dame Renée Hay,
veuve d'Écuyer Claude *de Cornulier*, seigneur de Vair, président à mortier au Parlement de Bretagne. Ladite dame a chargé
lesdites religieuses des frais de son enterrement et nommé
pour l'exécution de son testament dame Madeleine Charette,
veuve d'Écuyer Louis Charette, seigneur de La Gâcherie, Sénéchal et président au Présidial de Nantes.

BARONNIE DE MONTRELAIS.

La châtellenie, bannière ou baronnie de Montrelais était
possédée depuis les temps les plus reculés par une famille qui
portait son nom. En 1350, Marie de Montrelais la porta en
mariage à Jean de Châteaubriant. En 1376, Marguerite de Châteaubriant la porta en mariage à Thébaud Angier. En 1414,
Jean Angier en rend aveu au Duc, comme fils et héritier de
Marguerite de Châteaubriant. De 1415, autre aveu de Montrelais rendu par Jean, sire de Montejan, fils et héritier
de Marie de Montrelais. Lettres de 1446 qui établissent un
marché par semaine et trois foires par an au bourg de Montrelais, confirmées par autres lettres patentes de 1647. De 1418,
lettres qui confirment Jean Angier, chambellan du duc de
Bretagne, dans le droit de coutume qu'il perçoit sur le vin
rouge charroyé de Montrelais à Ingrande. En 1476, François
Angier, fils de Jean, rend aveu de Montrelais. En 1570, vente
de la terre et seigneurie de Montrelais par le seigneur de Cra-
pado Angier à la comtesse de Maure, qui était Louise de Maure,
dite du Plessis-Angier, femme de Gaspard de Rochechouart,
seigneur de Mortemart. Pour la suite, voyez t. 1ᵉʳ, p. 124.

VIIᵉ DEGRÉ.

Du 21 août 1686, entre messire Toussaint *de Cornulier*, chevalier,
marquis de Châteaufremont, conseiller au Parlement de Bretagne,

et messire François Denyau, chevalier, seigneur de Chantelou, aussi conseiller au Parlement de Bretagne, ayeul maternel et curateur particulier de dame Elisabeth *de Cornulier*, fille mineure et unique de défunte dame Françoise Denyau et dudit seigneur de Châteaufremont, a été fait le prisage de la terre, seigneurie et châtellenie de La Touche en Nozay, employée pour partie de l'assiette de la somme de 180,000¹ provenant des deniers dotaux de défunte dame Françoise Denyau, en son vivant épouse dudit marquis de Châteaufremont, stipulée son propre, par leur contrat de mariage du 9 août 1681, au rapport de Bretin et Berthelot, notaires royaux à Rennes; le surplus desdits deniers dotaux, qui est la somme de 20,000¹, ayant été mobilisée par ledit contrat de mariage, le tout aux fins de sentences rendues au Présidial de Rennes les 30 juin et 2 août 1685.

Du 7 juin 1696, déclaration des revenus de la terre, seigneurie et comté de Largouet et du démembrement de la baronnie de Lanvaux, situés sous les juridictions royales de Vannes et d'Auray, que fournit messire Toussaint *de Cornulier*, chevalier, marquis de Châteaufremont, comte de Largouet, baron de Montrelais, président à mortier au Parlement de Bretagne, mari et procureur de droit de dame Anne-Louise de Trémerreuc, dame desdits lieux, pour l'elligement des rachats acquis à S. M. par le décès de demoiselle Pélagie de Trémerreuc, arrivé le 18 janvier 1695, et par la profession de demoiselle Renée-Ursule de Trémerreuc, religieuse au calvaire de Saint-Brieuc dès le 27 décembre 1694, sœurs puînées de ladite dame présidente de Cornulier, fondées dans lesdits revenus pour deux douzièmes du total, savoir un quart du tiers pour chacune d'elles. Lesquels revenus sont dus : 1° *Sous la juridiction royale de Vannes* dans les paroisses d'Elven, Trédion, Saint-Nolf, Treffuelan, Saint-Patern, Saint-Avé, Arradon, Zanoch ou Iles-aux-Moines, Saint-Pierre-de-Vannes, Plaudren, Saint-Jean-de-Brévelay, Saulniac, Grandchamp; 2° *Sous la juridiction royale d'Auray*, dans les paroisses de Carnac, Ploerin, Plougoumelen, Baden, Plumergat, Mendon, Pluneret, etc., signé : T. de Cornulier.

Du 18 janvier 1702, arrêt de la chambre des comptes de Bretagne portant réception de foi et hommages faits par Toussaint *de Cornulier* pour la terre et seigneur de Largouet échue à sa femme par le décès de Louis de Trémerreuc, arrivé il y a environ douze ans.

Du 13 février 1702, déclaration des revenus du comté de Largouet faite par Toussaint *de Cornulier*, mari d'Anne-Louise de Trémerreuc.

Du 2 avril 1703, bail à rachat de la partie du comté de Largouet sous Auray échu par le décès de dame Anne-Louise de Trémerreuc, dame de Largouet, en son vivant épouse de messire Toussaint *de Cornulier*, arrivé le 28 mars 1702. Auxquelles choses ladite dame était fondée tant en qualité d'héritière P. et N. de défunt messire Louis de Trémerreuc, son père, que de demoiselles Pélagie, Renée-Ursule et Sainte-Thérèse de Trémerreuc, ses trois sœurs, pour les deux tiers et les trois quarts en l'autre tiers ; l'autre quart dudit tiers appartenant à dame Marie-Françoise de Trémerreuc, dame de La Noue, autre sœur cadette de ladite défunte dame de Cornulier. Du quel rachat dû par le décès d'icelle dame de Cornulier, il y en a le tiers suspendu jusqu'au décès de dame Françoise Georget, veuve et douairière dudit feu seigneur de Trémerreuc et à présent compagne de M. Des Cartes de Kerleau, pour son douaire sur lesdits biens dudit seigneur de Trémerreuc. Ledit bail adjugé moyennant 1,000¹. Du 3 avril 1703, pareil bail à rachat pour la partie du comté de Largouet sous le ressort de Vannes.

Du 25 février 1698, déclaration des fiefs et juridiction de la seigneurie et baronnie de Lanvaux, en la paroisse de Grandchamp, sous le ressort de Vannes, rendu au Roi par Toussaint *de Cornulier*, marquis de Châteaufremont, etc., et dame Anne-Louise de Trémerreuc, son épouse, héritière P. et N. de Louis de Trémerreuc, vivant seigneur de Lanvaux, où l'on voit que la baronnie de Lanvaux avait été acquise par Louis de Trémerreuc, conjointement avec le comté de Largouet, par contrat du 10 janvier 1686. Et du 18 mai 1702, sentence des commissaires de la réformation du domaine du Roi qui ont reçu l'aveu et déclaration de ladite seigneurie et baronnie de Lanvaux.

Du 29 mars 1701, aveu de la seigneurie du Chaffault, s'étendant dans les paroisses d'Anetz et de Saint-Herblon, avec droit de haute justice, rendu à Michel Le Lou, seigneur de La Motte-Glain, par Toussaint *de Cornulier*, chevalier, marquis de Châteaufremont, comte de Largouet, baron de Montrelais, seigneur de La Haye, La Renouardière, etc., président à mortier au Parlement de Bretagne, comme héritier principal de messire Claude *de Cornulier*, chevalier, marquis de Châteaufremont, conseiller d'Etat, mort le 29 mai 1700. Et aussi pour la châtellenie de Maumusson, en laquelle il y a haute justice, relevant pareillement de La Motte-Glain, acquise par ledit défunt président de Cornulier, son père, en 1694, de la succession du feu seigneur de Savonnières de La Troche, lieutenant des gardes du corps du Roi.

Du 18 janvier 1702, hommage au Roi par messire Toussaint *de Cornulier*, chevalier, marquis de Châteaufremont, seigneur de Largouet, Montrelais, etc., président à mortier au Parlement de Bretagne, pour raison du marquisat de Châteaufremont, à lui échu de la succession de messire Claude *de Cornulier*, vivant chevalier, marquis de Châteaufremont, aussi président à mortier, son père, mort depuis 19 à 20 mois.

Du 5 octobre 1708, accord sur partages entre messire Toussaint *de Cornulier*, chevalier, marquis de Châteaufremont, baron de Montrelais, seigneur de La Haye et autres lieux, conseiller du Roi en ses conseils, président à mortier au Parlement de Bretagne, père et garde naturel des enfants de son mariage avec feue dame Anne-Louise de Trémerreuc, demeurant hors son senestre à son château de Vair, paroisse d'Anetz, d'une part ; et messire Guillaume de La Noue, chevalier, seigneur dudit lieu, conseiller audit Parlement, père et garde naturel des enfants de son mariage avec feue dame Françoise de Trémerreuc, demeurant hors son sénestre à son château de Bogar, paroisse de Quessoy, évêché de Saint-Brieuc, d'autre part. Entre lesquels a été reconnu que ladite dame de Cornulier était héritière P. et N. de feu messire Louis de Trémerreuc, vivant chevalier, seigneur de Largouet, conseiller audit Parlement, et de dame Françoise Goret, sa première femme ; et aussi H. P. et N. d'Angélique de Trémerreuc, sa sœur, décédée après ladite dame de Trémerreuc ; de Pélagie de Trémerreuc, décédée en 1694, et de Renée-Ursule de Trémerreuc, par sa profession en religion faite la même année ; de Sainte-Thérèse de Trémerreuc, décédée en 1701, ses sœurs ; et encore de demoiselle Marguerite de Trémerreuc, sa tante, décédée en 1695 ; qu'elle était présomptive héritière P. et N. de demoiselle Françoise de Trémerreuc, aussi sa tante ; qu'elle était encore héritière en partie de feu écuyer Jean Goret et de dame Françoise Pepin, ses ayeuls, seigneur et dame de La Tendourie. Que ladite dame de La Noue était fille et héritière cadette desdits seigneur et dame de Trémerreuc et desdites Pélagie, Renée-Ursule et Sainte-Thérèse de Trémerreuc, ses sœurs, et demoiselles Marguerite et Françoise de Trémerreuc, ses tantes ; et aussi héritière en partie desdits sieur et dame de La Tendourie, ses ayeuls. Que, par le contrat de mariage desdits seigneur et dame de La Noue, du 14 août 1696, lesdits seigneur et dame de Cornulier leur avaient donné pour partage définitif aux successions desdits seigneur et dame de Trémerreuc, Pélagie, Renée-Ursule, Marguerite et Françoise de Trémerreuc la somme de 15,000^l avec la terre de la Villegourhant et ses dépendances, quittes de toutes dettes : Depuis la passation duquel contrat, lesdits seigneur et dame de la Noue témoignèrent qu'ils ne croyaient pas ledit partage suffisant, et ils en demandèrent un en formes, à quoi lesdits seigneur et dame de Cornulier donnant les mains, ils convinrent que le tout serait réglé par l'arbitrage de MM. Jacques

Renaut de La Bourdonnaye, seigneur de Blossàc, et Joseph Du Boisbaudry, seigneur de Langan, conseillers audit Parlement. Et comme ladite dame de Cornulier décéda en 1702 et la dame de La Noue en 1705, les choses restèrent en cet état jusqu'au mois de janvier 1708 que les sieurs de Cornulier et de La Noue, voulant terminer cette affaire, la remirent entre les mains de MM. les arbitres convenus, lesquels l'ont jugée et réglée, etc.

Du 22 avril 1718, acte de vente de la maison et de la terre de La Haye, sise en la paroisse de Sainte-Luce, près Nantes, et de ses dépendances s'étendant aux paroisses de Thouaré et de Saint-Julien de Concelles, avec les meubles meublants qui s'y trouvent, référés dans l'inventaire du 20 juin 1701 ; la chapelle avec ses ornements, rentes, jardins, pressoirs, écuries, étables, étangs, vignes, prés, terres, châtaigneraie, taillis, bois de haute futaie, avenues, droits aux communs, moulin-à-vent, banc en l'église de Sainte-Luce, quatre métairies et treize borderies ; relevant partie de la juridiction du chapitre de Nantes, autre partie de celle des régaires, autres de la seigneurie de Thouaré et autres de celle du Gué-au-Voyer et de la Sénéchallière ; moyennant le prix de 66,000¹ ; consentie par messire Toussaint *de Cornulier*, chevalier, marquis de Châteaufremont, baron de Montrelais, etc., président à mortier au Parlement de Bretagne, demeurant à Rennes, paroisse Saint-Aubin. Ladite vente faite avec l'agrément de H. et P. dame Renée Hay, dame douairière présidente de Cornulier, demeurant à Nantes, à la maison conventuelle des filles Pénitentes, paroisse de Saint-Léonard, laquelle a déclaré n'avoir rien à y prétendre, son beau-fils lui ayant assigné son douaire ailleurs, signé : T. de Cornulier, Renée Hay de Cornulier, douairière, Lebreton, notaire royal à Nantes. L'acquéreur fut Nicolas Bourmaud, marchand de Nantes.

Du 24 mai 1718, acte de vente de la châtellenie de La Touche en Nozay, consentie par dame Elisabeth *de Cornulier*, dame des Nétumières, épouse de messire Jean-Paul Hay, chevalier, seigneur des Nétumières, conseiller au Parlement de Bretagne, de lui autorisée, au profit de M. Joachim Darquistade et de dame Françoise Souchay, son épouse, moyennant le prix de 89,000¹ au rapport de Mainguet et Bizeul, notaires de la châtellenie de Nozay.

Du 5 mai 1727, procuration donnée par dame Elisabeth *de Cornulier*, veuve de feu messire Jean-Paul Hay, chevalier, seigneur baron des Nétumières, vivant conseiller au Parlement de Bretagne, tutrice des enfants de leur mariage, demeurant au château des Rochers, paroisse d'Etrelles, au rapport des notaires de Vitré.

Du 28 mai 1748, procès-verbal du lief des scellés mis au château de La Touche, à la réquisition de H. et P. seigneur messire Louis-Alexandre-Xavier Le Sénéchal, marquis de Carcado, chevalier de Saint-Louis, maréchal des camps et armées du Roi, et de dame Marie-Anne-Claude de Montmorency, son épouse, fille unique de feu H. et P. messire François de Montmorency, seigneur de la châtellenie de La Touche, brigadier des armées du Roi, etc. Nous sommes transportés au château de La Touche, où serait décédé le dit seigneur de Montmorency, pour faire le lief des sceaux apposés les 27 et 28 avril et 3 de ce mois, etc.

Toussaint de Cornulier ayant laissé des enfants de trois lits différents, leurs partages se trouvèrent assez compliqués et donnèrent lieu par la suite à quelques difficultés, notamment avec madame de Carcado, fille de madame de Montmorency, qui avait touché 84,000¹ de dot, somme que sa fille ne trouvait pas suffisante pour son partage. On établit que dans la succession de son père, madame de Montmorency n'était fondée que pour un douzième au noble et un cinquième au roturier, comme les autres dames ses sœurs, et que ce chef avait déjà été réglé à 41,300¹ pour madame des Nétumières, l'aînée d'entre elles.

Quant à la succession de sa mère, elle n'y était fondée que pour un sixième dans les biens nobles et pour moitié dans les roturiers, son frère ayant droit au surplus, tant comme ainé que par droit d'accroissement de la portion échue à Marie-Constance de Cornulier, sa sœur, entrée en religion en 1708. Cette succession d'Anne-Louise de Trémerreuc se composait : 1° du comté de Largouet et baronnie de Lanvaux, estimés alors à 180,000¹ ; 2° des biens situés près de Matignon, dont la jouissance avait été abandonnée à madame Des Cartes, sur le pied de 3,000¹ de revenu, pour le service de son douaire, et qui furent vendus, en 1718, par Toussaint de Cornulier à M. de Pontbriand pour 60,000¹ payables seulement au décès de ladite dame, qui avait pris en outre d'autres biens jusqu'à concurrence de 44,500¹ pour remploi de ses derniers dotaux ; 3° la grande et la petite Herviais, paroisse de Langrolais ; la Pilletais et la Rabinais, paroisse de Pleurtuit, et la Colombière, paroisse de Corseul, vendus en 1713, par Charles-René de Cornulier à M. de Beauchesne Gouin ; 4° La Ville-au-Pouvoir, le Clos et divers baillages, en la paroisse de Saint-Germain-de-la-Mer, vendus par le même à M. de La Motte Durand ; 5° La Porte-Noire, aussi en Saint-Germain, vendue en 1726 à François Sicot ; 6° Le Chesne et le manoir et métairies de Launay-Gouyon, Le Breil et Lisleavart, en la paroisse de Saint-Potan, vendus avec le droit de présentation à la chapellenie de Saint-Père à Matignon, en 1728, à M. de La Morandais ; 6° La Villeguillaume et Le Paris, en la paroisse de Pléboulle, vendus aussi en 1728, par Charles-René de Cornulier, à M. de La Maisonneuve. Au total, les biens nobles furent estimés à 282,587ˡ et les biens roturiers à 10,000ˡ. On prisait alors les terres qui avaient de grandes prérogatives de noblesse au denier trente de leur revenu ; les autres au denier vingt seulement.

Extrait des registres de la paroisse de Chanteloup, près Rennes.

Le 11 août 1681, ont reçu la bénédiction nuptiale par noble et discret messire François Deniau, seigneur abbé de Chantelou, H. et P. seigneur messire Toussaint *de Cornulier*, chevalier, seigneur marquis de Cornulier, de La Haye, Vair, Châteaufremont, La Touche et autres lieux, fils unique de H. et P. seigneur messire Claude *de Cornulier*, seigneur de La Haye, de Vair, de Châteaufremont, La Touche et autres lieux, conseiller du Roi en ses conseils et président à mortier au Parlement de Bretagne, et de feue dame Marie-Madeleine Guyet, ses père et mère, de la paroisse d'Anetz évêché de Nantes ; et demoiselle Françoise Deniau, fille aînée de messire François Deniau, chevalier, seigneur de Chantelou, Le Val, La Noruelle, Ossai, Le Châtellier, La Morinière et autres lieux, conseiller de grand'chambre au Parlement de Bretagne, et de dame Mathurine Sérezin, son épouse, de cette paroisse. En présence des ci-dessus dénommés et de dame Renée Hay, épouse dudit seigneur président ; de messire Jean-Baptiste de Cornulier, chevalier, seigneur de Boismaqueau et autres lieux conseiller du Roi en ses conseils et président en la chambre des comptes de Bretagne ; de messire Jean-Baptiste de Cornulier, chevalier, seigneur de Lorière, conseiller au Parlement ; de messire Jean-François de Cahideuc, chevalier, seigneur marquis du Bois-de-la-Motte, de Brie, etc. ; de messire Charles Du Chastellier et de messire Claude de Cornulier, chevalier, seigneur de Montreuil, etc., signé : T. de Cornulier, Françoise Deniau, C. Cornulier, F. Deniau, Renée Hay, M. Sérezin, J. B. de Cornulier, F. Guy Deniau, J. F. de Cahideuc, J. B. de Cornulier, X. de Langan, Claude de Cornulier, Charles Du Chastellier, Françoise Lefebure de Laubrière, François Deniau de Chantelou, Demarchix, recteur.

Extrait des registres de la paroisse de Saint-Aubin de Rennes.

Le 17 août 1682, dame Françoise Deniau, marquise *de Cornulier*, a été apportée dans cette église et, les devoirs lui rendus, conduite chez les pères Minimes, lieu de sa sépulture.

Le 20 août 1682, a été nommée Elisabeth *de Cornulier*, ondoyée le 7 de ce mois, fille de messire Toussaint de Cornulier, chevalier, seigneur marquis dudit nom, conseiller au parlement et de dame Françoise Deniau. Parrain, messire Claude de Cornulier, chevalier, seigneur de La Haye, conseiller du Roi en ses conseils et président à mortier au Parlement. Marraine, T. H. et

T. P. dame Elisabeth Le Ferron, épouse de T. H. et T. P. monseigneur Charles d'Ailly, duc de Chaulnes, pair de France, chevalier des-ordres du Roi, gouverneur de cette province de Bretagne.

Le 29 novembre 1690, a été baptisée Marie-Louise, née d'hier, fille de messire Toussaint *de Cornulier*, chevalier, marquis dudit nom, conseiller du Roi et président à mortier au Parlement de Bretagne, reçu en survivance, et de dame Anne-Louise de Trémerreuc. Parrain, H. et P. messire Claude de Cornulier, chevalier, marquis de Châteaufremont, conseiller du Roi en ses conseils, président à mortier au Parlement de Bretagne. Marraine, dame Françoise Pepin, dame de La Tendourie, signée : Cl. de Cornulier, de Cornulier, Renée Hay.

Le 22 décembre 1692, a été baptisé Charles René *de Cornulier*, né le 16 août précédent, fils de messire Toussaint de Cornulier, chevalier, marquis dudit nom, conseiller du Roi en ses conseils, président à mortier en survivance au Parlement de Bretagne, et de dame Anne-Louise de Trémerreuc, son épouse. Parrain, T. H. et T. P. seigneur Charles d'Ailly, duc de Chaulnes, pair de France, vidame d'Amiens, lieutenant-général des armées du Roi et son gouverneur général au pays et province de Bretagne. Marraine, dame Renée Hay, épouse de H. et P. seigneur messire Claude Cornulier, chevalier, seigneur de Châteaufremont, conseiller du Roi en ses conseils et président à mortier au Parlement de Bretagne, signé : Le duc de Chaulnes, Lefeuvre de La Faleure, L. Ferrand, G. du Boisgelin, de Larlan de Kercadio, Charles Huchet, Renée Hay de Cornulier, F. Hay de Couellan, T. de Cornulier.

Nota. Toussaint de Cornulier était allié à Charles d'Albert-d'Ailly, duc de Chaulnes, par Elisabeth le Ferron, sa femme, veuve en premières noces de Jacques d'Estuer, marquis de Saint-Mégrin, et fille unique de Jérôme-le-Ferron, seigneur de Savigny. C'est pour cela que la duchesse de Chaulnes fut marraine d'Elisabeth de Cornulier en 1682, et le duc parrain de Charles-René en 1692. Le seigneur de Savigny était cousin-germain d'autre Jérôme-le-Ferron, marié avec Marguerite Gallard (Voyez t. 2, p. 145).

Le 7 mars 1697, a été baptisée Emilie-Félicité *de Cornulier*, née le 22 mars 1695, fille légitime de H. et P. seigneur Toussaint de Cornulier, marquis dudit nom, président à mortier au Parlement de Bretagne, et de dame Anne-Louise de Trémerreuc. Parrain, H. et P. seigneur messire Jean-Baptiste de Cornulier, président en la chambre des comptes. Marraine, demoiselle Elisabeth de Cornulier, signé : Elisabeth de Cornulier, Cl. de Cornulier, J. B. de Cornulier, T. de Cornulier.

Le 5 Janvier 1720, a été baptisé Charles-Marie-Félix, né de ce jour, fils légitime de H. et P. seigneur messire Paul Hay, chevalier, seigneur des Nétumières, conseiller au Parlement de Bretagne, et de dame Elisabeth *de Cornulier*, dame des Nétumières, son épouse. Parrain, messire Charles-René de Cornulier, seigneur comte de Largouet, conseiller au Parlement de Bretagne. Marraine, dame Marie-Madeleine Le Bel, dame du Teilleul.

Le 15 avril 1722, a été baptisée Marie-Françoise-Elisabeth, née de ce jour, fille légitime de messire Paul Hay, chevalier, seigneur des Nétumières, conseiller au Parlement de Bretagne, et de dame Elisabeth *de Cornulier*. Parrain, messire François-Guy Deniau, chevalier, seigneur de Chanteloup, conseiller audit Parlement. Marraine, demoiselle Pauline Hay des Nétumières. En présence de madame la marquise de Cornulier.

Le 9 novembre 1727, a été apporté dans cette église, pour lui rendre les derniers devoirs, et ensuite être transporté à l'église des révérends pères Minimes de cette ville, pour y être inhumé, le corps de H. et P. messire Toussaint *de Cornulier*, chevalier, marquis de Châteaufremont, Montrelais et autres lieux, conseiller du Roi en ses conseils et président à mortier au Parlement de Bretagne, décédé le 7 de ce mois, âgé de 67 ans.

Extrait des registres de la paroisse de Saint-Herblon, évêché de Nantes.

Le 11 octobre 1688, fut marraine demoiselle Elisabeth *de Cornulier*, fille de H. et P. messire Toussaint de Cornulier, chevalier, seigneur de La Touche, Montrelais, etc., marquis de Châteaufremont, conseiller au Parlement de Bretagne, et de feue H. et P. dame Deniau, son épouse.

Extrait des registres de la paroisse de Liré, en Anjou.

Le 28 décembre 1718, ont reçu la bénédiction nuptiale H. et P. seigneur messire Toussaint *de Cornulier*, chevalier, marquis de Châteaufremont, baron de Montrelais, conseiller du Roi en tous ses conseils, président à mortier au Parlement de Bretagne, veuf en secondes noces de H. et P. dame Anne-Louise de Trémerreuc, demeurant à présent, hors le temps de son semestre, à son château de Vair, paroisse d'Anetz ; et H. et P. dame Jeanne-Marie-Rose-Françoise de Boislève, dame propriétaire des fiefs et seigneuries de la Hamelinière et de Landemont, veuve de H. et P. seigneur messire François de La Bourdonnaye, vivant chevalier, seigneur de Liré, La Hamelinière, Landemont, la Bretesche, Bouillonnière, Saint-Laurent-des-Autels, Drain, La Buerie, Le Mesangeau, La Mitroisière, Le Serandon, etc., conseiller du Roi en tous ses conseils, président à mortier au Parlement de Bretagne, signé : De Cornulier, Jeanne-Marie-Rose-Françoise de Boyslève ; Jean-Baptiste de Cornulier, abbé de La Caraterie ; Charlemagne de Cornulier, chevalier de La Caraterie, Boislève, recteur.

Extrait des registres de la paroisse d'Anetz.

Le 5 janvier 1724, signèrent à un mariage : T. de Cornulier, Jeanne-Marie-Rose-Françoise de Boyslève, présidente de Cornulier, de La Bourdonnaye, Madeleine-Sainte de La Bourdonnaye de Liré.

Extrait des registres de la paroisse de Montrelais.

Le 31 août 1690, fut marraine demoiselle Elisabeth *de Cornulier*, fille de M. le marquis de Cornulier, conseiller au Parlement de cette province, signé : Elisabeth de Cornulier, Renée Hay de Couellan, Charlotte-Françoise Denyau.

Extrait des registres de la paroisse de Nozay.

Le 3 octobre 1718, fut baptisée Françoise-Emilie, fille de N. H. maître Louis Urvoy, sieur de Sauzignac, procureur fiscal de Nozay. Parrain H. et P. seigneur messire François de Montmorency, chevalier de Saint-Louis, colonel du régiment de Bresse, seigneur de la Rivière, De Montjonnet, La Vrillière, La Touche en cette paroisse, etc., marraine H. et P. dame Emilie-Félicité *de Cornulier*, épouse dudit seigneur de Montmorency.

Le 21 octobre 1719, fut ondoyé un enfant mâle, né de ce jour, du légitime mariage de H. et P. seigneur messire François de Montmorency, chevalier de Saint-Louis, brigadier des armées du Roi, etc., et de H. et P. dame Emilie-Félicité *de Cornulier*, son épouse.

Le 14 janvier 1721, fut ondoyée une fille, née de ce jour, du légitime mariage de H. et P. seigneur messire François de Montmorency, etc., et de dame Emilie-Félicité *de Cornulier*, son épouse.

Le 11 septembre 1721, fut baptisée Marie-Anne-Claude, fille de H. et P. seigneur messire François de Montmorency, chevalier, seigneur de La Rivière, La Touche et autres lieux, brigadier des armées du Roi, chevalier de Saint-Louis, colonel du régiment de Bresse, et de dame Emilie-Félicité *de Cornulier*, son épouse. Ladite demoiselle Marie-Anne-Claude, née et ondoyée le 14 janvier dernier. Le parrain a été messire Claude-Charles du Maz, chevalier, seigneur de Villeneuve et autres lieux, et la marraine dame Marie-Anne de La Tronchaye, compagne de H. et P. seigneur Charles-René *de Cornulier*, chevalier, seigneur comte de Largouet, conseiller au Parlement de Bretagne, signé : Marie-Anne de La Tronchaye de Cornulier, Ch. Dumaz, Élisabeth de Cornulier des Nétumières, Sainte Hay Dester, Pauline Hay des Nétumières, François du Maz, C. R. de Cornulier, François de Montmorency, Emilie-Félicité de Cornulier de Montmorency, Marie-Anne Laurence Petiot, etc.

Le 26 novembre 1721, a été inhumée dans l'église de Nozay, sous le banc de La Touche, le corps de dame Émilie-Félicité *de Cornulier*, morte d'hier, âgée d'environ 27 ans, munie des sacrements, ladite dame épouse de H. et P. seigneur messire François de Montmorency, chevalier, seigneur de La Rivière, La Touche et autres lieux, brigadier des armées du Roi. En présence d'écuyer Louis-Claude Hochedé, sieur de Bellaine, correcteur en la chambre des comptes de Bretagne et autres.

Le 21 janvier 1722, a été parrain Anonyme de Montmorency, assisté de son père, H. et P. seigneur François de Montmorency, seigneur de La Touche, etc.

Le 20 avril 1722, a été inhumé dans l'église de Nozay, sous le banc de La Touche, le corps d'Anonyme de Montmorency, mort d'hier, âgé de deux ans six mois, fils de H. et P. seigneur messire François de Montmorency, chevalier de Saint-Louis, brigadier des armées du Roi, colonel du régiment de Bresse, seigneur de La Rivière d'Abbaretz, Montjonnet, La Vrillière, La Touche en cette paroisse, et de défunte H. et P. dame Émilie-Félicité *de Cornulier*.

COMTÉ DE LARGOUET.

Le comté de Largouet, qui avait pour chef-lieu le château d'Elven, était une ancienne éclipse, juveigneurie ou apanage du comté souverain de Vannes. Vers l'an 900, le territoire d'Elven était possédé en commun par un certain comte Tanguy et par Derrien, son *filiolus*, fils d'Alain. (D. Lobineau, t. 2, col. 66; et D. Morice, t. 1er, col. 339). *Filiolus* signifie généralement *filleul*, mais il a été aussi employé quelquefois pour *neveu*, comme le remarque du Cange (*Gloss.* vo *filiolus*), et c'est évidemment dans ce dernier sens qu'il faut le prendre dans l'acte du cartulaire de Redon cité par les Bénédictins; sa teneur l'indique tout naturellement. Ce Derrien était donc neveu du comte Tanguy, lequel dut mourir sans postérité, puisque l'histoire n'en parle plus et que Derrien et ses successeurs restèrent en possession de la totalité du comté de Largouet.

Quant à Alain, frère du comte Tanguy, il n'était autre qu'Alain-le-Grand, d'abord comte de Vannes, puis duc de Bretagne et qui mourut en l'an 907; D. Lobineau et D. Morice s'accordent en effet, dans leurs cartes généalogiques, pour placer au nombre de ses fils : Derrien, seigneur d'Elven.

En 1021, Derrien d'Elven et Even, son fils, assistèrent à la confirmation des privilèges de l'abbaye de Redon: ils sont nommés, parmi les grands seigneurs présents, immédiatement après le vicomte de Rohan et le sire de Rieux.

Un siècle plus tard, en 1127, Even d'Elven figure comme témoin à la réconciliation de l'église de la même abbaye ; il est nommé immédiatement après Geoffroy et Alain de Porhoët ; avant les sires de Malestroit, de Rieux, Du Pont, de Donges, de Retz, d'Ancenis, de Châteaubriant et de La Guerche ; cette place peut donner une idée du rang qu'il occupait parmi les hauts barons de Bretagne.

L'histoire ne nous a pas conservé d'autres mentions des premiers seigneurs de Largouet du sang de Bretagne. On voit qu'ils ont préféré le nom de leur château à celui de leur terre, mais les exemples de ce genre ne sont pas rares. Raoul de Gaël, issu des comtes de Rennes, qui s'était illustré à la conquête de l'Angleterre sous le nom de Gaël, ou de Guader, comme le nomment plus souvent les chroniqueurs Normands, ne l'abandonna pas moins pour prendre celui du château de Montfort, lorsqu'il le fit bâtir en 1091. Comme les sires d'Elven, les seigneurs de Frossay, au comté nantais, ne sont généralement désignés, dans les actes des xie et xiie siècles, que par le nom de leur château du Migron. Enfin, Elven était une dénomination plus précise que celle de Largouet qui signifie en breton le pays de la forêt.

Dès 1294, la première race des seigneurs d'Elven était éteinte et leur comté de Largouet était passé dans la maison de Malestroit, ce que l'on apprend par le rôle des osts du duc Jean II, sous la baillie de Ploërmel, dressé en ladite année, et où il est dit que le sire de Malestroit devait cinq chevaliers, savoir : quatre pour Largouet et un pour Malestroit.

On ignore par quel moyen et à quelle époque précise Largouet tomba aux Malestroit dans la période qui sépare 1127 de 1294. Il est probable qu'il y fut apporté en mariage par une fille héritière : c'était alors le mode de transmission le plus général ; et c'est sans doute à cette alliance que le duc fait allusion dans les lettres d'érection de Malestroit en haute baronnie, en 1451, quand il se dit bien informé que le sire de Malestroit atteint de près à son lignage. Le P. du Paz, qui a donné la généalogie de la maison de Malestroit, ne connaît aucune de ses alliances aux xiie et xiiie siècles, et les actes recueillis par D. Morice ne nous en apprennent guères d'avantage en nous disant que Payen, sire de Malestroit, vivant en 1204, avait pour femme Constance ; et qu'Eudon, vivant en 1232, était marié avec Agathe.

Le dernier de cette ancienne race des Malestroit fut Payen, qui succéda à Geoffroy en 1344 ; il ne laissa qu'une fille mariée à Hervé de Châteaugiron, seigneur D'Oudon, qui vivait en 1352. A cette occasion, et laissant de côté toute dissertation archéologique, nous signalerons la grande ressemblance d'architecture qui existe entre la Tour d'Oudon et celle d'Elven ; il ne serait pas étonnant que ces deux donjons eussent été bâtis par le

4

même seigneur. Quoi qu'il en soit, Jean de Châteaugiron, fils aîné d'Hervé, prit le nom de sa mère et fut seigneur de Malestroit, de Largouet et d'Oudon. Son fils, nommé aussi Jean de Malestroit, mourut en 1394; il avait épousé Marguerite de Lohéac qui vécut jusqu'en 1412. C'est du temps de cette dame que le duc Jean V vint passer quelques jours au château d'Elven, et c'est de là que sont datées, le 14 octobre 1409, les lettres patentes qu'il donne à son ambassadeur pour faire l'hommage au Roi d'Angleterre de son comté de Richemont. Lesdites lettres signées en présence de l'évêque de Nantes et du sire de Malestroit. (D. Morice, t. 2, col. 827).

Jean de Malestroit et Marguerite de Lohéac ne laissèrent qu'une fille pour héritière; Jeanne de Malestroit, dame dudit lieu et de Largouet, qui mourut en 1470. Elle avait été mariée à Jean Raguenel, vicomte de La Bellière, qui était mort dès 1437. Leur fils fut Jean Raguenel, maréchal de Bretagne, sire de Largouet et de Malestroit, en faveur duquel Malestroit fut érigé en haute baronnie, en 1451, et qui en prit le nom. Il mourut en 1471 et avait épousé Gillette de Châteaugiron, dite de Malestroit, puis de Derval, dont il n'eut que deux filles :

1º Françoise de Malestroit, dame dudit lieu, de Largouet, Châteaugiron, Châteloger, Poligné, Derval, Guémené Penfaô, Beauregard, Fougeray, etc., née en 1447, morte en 1481, épousa en 1461, Jean sire de Rieux, comte d'Harcourt, baron d'Ancenis, maréchal de Bretagne et tuteur de la duchesse Anne.

2º Jeanne de Malestroit, femme de Tanguy Du Chastel, seigneur de Renac.

Le maréchal de Rieux, qui vécut jusqu'en 1518 ne laissa de Françoise de Malestroit, sa première femme, qu'une fille : Françoise de Rieux, née en 1461, mariée en 1488 à François de Laval, baron de Châteaubriant, auquel elle porta tous les biens des Malestroit à l'exception de Largouet. Le maréchal avait tenu à conserver cette belle seigneurie, voisine de ses terres de Rieux et de Rochefort, au moyen·de laquelle il complétait la suzeraineté de toute la partie orientale de l'évêché de Vannes, et il avait donné en échange à son gendre, sur l'ancien patrimoine des Rieux, les terres et seigneuries de Nozay, Ville-au-Chef, Jans, Issé, Rieux en Nort, etc., qui étaient plus à la portée de Châteaubriant. Le P. du Paz n'a pas connu cette transaction, et cette ignorance l'a induit en plusieurs erreurs au sujet de Largouet qu'il fait passer par des mains qui ne l'ont jamais possédé.

Françoise de Rieux mourut en 1533, laissant pour héritier son fils, Jean de Laval, marié avec Françoise de Foix, lequel mourut sans postérité en 1543. Par suite du défaut d'héritiers en ligne directe, tous ceux des biens de Jean de Laval qui provenaient de l'Estoc et ramage de Malestroit étaient dévolus naturellement à Anne de Montejan, femme de Jean d'Acigné, baron de Coëtmen, qui était fille de Louis de Montejean et d'Anne de Chastel, laquelle était fille de Tanguy du Chastel et de Jeanne de Malestroit. Anne de Montejan demanda la délivrance de cette succession au sénéchal de Nantes, et elle lui fut accordée par sentence du 4 mai 1543, non-seulement pour les biens anciens, mais encore pour ceux qui avaient été donnés en échange du comté de Largouet ; mais elle se trouva frustrée d'une grande partie de ses droits naturels par la donation que Jean de Laval avait faite au connétable Anne de Montmorency, dans laquelle se trouvaient compris tous les biens échangés, la baronnie de Derval et plusieurs autres propres des Malestroit.

Le maréchal de Rieux, sire de Largouet par échange, épousa en secondes noces, en 1495, Claude de Maillé, dont il n'eut pas d'enfants, et qui périt tragiquement, l'année même de son mariage, suffoquée par le feu qui prit par accident durant une fête qu'on lui donnait au château d'Elven.

Enfin, le maréchal de Rieux épousa en troisièmes noces Isabeau de Brosse, dite de Bretagne, fille du comte de Penthièvre, dont il eut :

Claude de Rieux, sire de Largouet, né en 1497, mort en 1532, épousa : 1º en 1518, Catherine de Laval, qui mourut en 1526 ; 2º en 1529, Suzanne de Bourbon.

Du 1er lit vinrent :

1º Renée de Rieux, née en 1524, qui devint héritière de Laval, la plus riche maison de France, et fut dite Guyonne XVIII ; elle épousa en 1540, Louis de Sainte-Maure, marquis de Nesle et comte de Joigny, et mourut sans postérité ;

2º Claude de Rieux, mariée en 1547 à François de Coligny, seigneur d'Andelot, qui hérita de sa sœur Renée, et laissa plusieurs enfants.

Du second lit vint :

3º Louise de Rieux, mariée en 1550 à René de Lorraine, marquis d'Elbœuf.

Largouet fut partagé entre les enfants des deux lits. Louise de Rieux, marquise d'Elbœuf, eut la partie la plus considérable, qui était située sous la sénéchaussée de Vannes ; c'est celle dont nous avons parlé t. 2, p. 146. L'autre partie, située sous la sénéchaussée d'Auray, était échue à Renée du Rieux, marquise de Nesle. Soit par donation, soit par quelque autre arrangement, cette partie du fief de Largouet passa aux héritiers de

son mari qui avaient pris le nom de Laval; ils la vendirent, par
acte du 11 janvier 1584, aux enfants de François de Coligny
d'Andelot. Elle échut en partage à Anne de Coligny, l'un de
ceux-ci, épouse du marquis de Mirebeau Chabot, qui la vendit
par contrat du 30 juin 1613, moyennant 66,000¹, à Jean, sire
de Rieux, marquis d'Assérac, qui avait déjà, en 1610, acquis
l'autre partie du duc d'Elbœuf.

Ce Jean de Rieux, qui était devenu chef de sa maison, se
voyant en possession de la totalité du fief de Largouet (il n'a
jamais passé le domaine) demanda l'érection de sa juridiction
en titre de comté, et elle lui fut accordée par lettres de 1623;
mais, mieux instruit de sa qualité ancienne, il ne poursuivit pas
l'enregistrement de ces lettres qui ne portaient au surplus que
la reconnaissance d'un état préexistant, et auraient pu néanmoins donner lieu à une interprétation défavorable par la clause
de style : *en tant que de besoin*.

Le désordre s'étant mis dans les affaires de son fils, Jean-
Emmanuel de Rieux, marquis d'Assérac, son comté de Largouet
fut saisi en 1651, puis adjugé aux requêtes du palais de Paris,
le 28 juin 1656, moyennant 175,000¹, à Nicolas Fouquet, marquis de Belle-Isle, vicomte de Melun et de Vaux, surintendant
des finances. Après la disgrâce de ce personnage célèbre, et
par acte du 19 mars 1673, il fut attribué à Marie-Madeleine de
Castille, sa veuve, pour assiette de ses deniers dotaux. Celle-ci
le vendit, avec le parc d'Elven, que son mari y avait réuni de
nouveau, le 10 janvier 1686, moyennant 150,000¹, à Louis de
Trémerreuc, président au Parlement de Bretagne.

Telle est, en résumé, l'histoire du comté de Largouet jusqu'à
l'époque où il est entré dans la maison de Cornulier, et où il
s'éleva des contestations sur le rang qu'il devait tenir parmi les
grandes seigneuries de la province. Dans tous les temps, on a
attaché une grande importance à la qualité des terres, en Bretagne surtout, où il était de principe qu'elles ne la perdaient
jamais, en quelques mains qu'elles vinssent à passer. L'occasion
qui donna lieu de rechercher les prérogatives de la seigneurie
de Largouet ne tenait pas d'ailleurs à une pure question de
prééminence honorifique; les intérêts matériels les plus graves
s'y trouvaient engagés. Il s'agissait des revenus mêmes de sa
juridiction, qui constituaient à eux seuls presque toute la propriété; et faute d'une qualité suffisante, ces revenus pouvaient
être en grande partie supprimés, comme on va l'expliquer.

La question des tarifs judiciaires avait préoccupé de bonne
heure le Parlement de Bretagne; dès le 22 octobre 1562, il
avait réglé par un arrêt les vacations des juges de la province.
Après avoir fixé celles des conseillers, des présidiaux et autres
juges royaux, il descendit aux classes inférieures qu'il distingua
en deux catégories; l'une des juges des juridictions des Régaires

et Évêchés, comtes et barons, qui furent taxés à 60 sous par jour ; l'autre des juges châtelains, hauts justiciers, et autres inférieurs, auxquels il adjugea 40 sous. Dans la suite, l'avilissement de l'argent ayant donné lieu d'augmenter ces vacations, un nouveau règlement sur ce sujet intervint à la date du 14 janvier 1678 : il portait que les juges royaux, ceux des Duchés-Pairies, des Régaires et des *anciennes baronnies* auraient droit à 12^l de vacations par jour et tous les autres juges à 8^l.

Sous la dénomination d'*anciennes baronnies*, les États de Bretagne prétendirent, dans la suite, que l'on ne devait comprendre que les *anciennes hautes et vraies baronnies des États, donnant à leurs propriétaires le droit d'y présider la noblesse sans élection* ; et, sur leur requête, le Parlement rendit, le 13 août 1744, un arrêt conforme à leurs prétentions. En poursuivant ainsi la réduction des droits des justices féodales, les États se donnaient le beau rôle de défenseurs du bien public, mais leur système ne tendait à rien moins qu'à dépouiller quantité de seigneurs d'une partie essentielle de leurs propriétés ; les justices n'étant pas moins patrimoniales que les autres domaines. Depuis la vénalité des offices, les charges faisaient en effet une des parties principales de la valeur des seigneuries dont elles dépendaient, et leur prix était réglé sur le pied des vacations qu'elles produisaient. Il y eut donc de nombreuses oppositions à l'arrêt de 1744, et c'est à son sujet qu'un procès se trouva entamé entre les États et Toussaint de Cornulier comme seigneur de Largouet.

L'interprétation donnée par les États au règlement de 1678 ne pouvait pas être soutenue d'une manière absolue ; eux-mêmes furent bientôt obligés de convenir qu'elle comportait plusieurs exceptions en admettant au droit des plus fortes vacations les juges des comtés de Penthièvre, de Porhoët et de Goello, des baronnies d'Avangour et Du Pont, enfin ceux de la principauté de Guémené, qui s'en trouvaient exclus par les termes de l'arrêt de 1744, qui n'avait pas même réservé les juges des Régaires et des Duchés-Pairies. Il ne s'agissait donc plus que de savoir jusqu'où ces exceptions devaient s'étendre. Et dans ce grand débat se trouvaient engagés, comme Largouet, Montfort, Donges, Rieux, Rochefort, Lohéac, Montafilant, Tonquedec, La Humaudaye, Coëtmen, Combourg, La Guerche, Martigné-Ferchaud, Châteauneuf, Rostrenen, La Chapelle, Montauban, Le Juch, Saint-Brice, Clisson, Fontenay, Vioreau, Château-Giron, etc., etc., qui tous prétendaient aux titres d'anciens comtés, vicomtés ou baronnies ; mais, pour le moment, Largouet était seul pris à partie par les États, peu soucieux de se mettre à la fois un aussi grand nombre d'adversaires sur les bras ; Toussaint de Cornulier soutenait donc seul le procès contre eux.

S'il était vrai, disait-il, qu'il n'y eût que neuf barons en droit
de présider la noblesse aux Etats sans élection, il était évident,
d'un autre côté, qu'il existait plus de neuf hautes baronnies
anciennes. La dignité des terres et le droit de présidence
étaient donc deux choses distinctes que l'on ne devait pas con-
fondre.

Le droit de présider sans élection s'était acquis par l'usage
et consacré avec le temps ; il avait une origine mixte et venait
à la fois de la dignité de la terre et de la qualité personnelle,
naissance ou position de son possesseur ; quand ces deux avan-
tages se trouvaient réunis dans une même personne, ils lui
donnaient, sur la masse assemblée des gentilshommes, une
supériorité qu'elle acceptait sans contestation. La preuve que
cette prérogative était autant personnelle que réelle, résultait
du refus que l'assemblée n'aurait pas manqué de faire de se
laisser présider par l'acquéreur de l'une des neuf baronnies
d'États, s'il n'avait pas été homme de condition. Le cas s'était
présenté en Languedoc, où le fameux banquier Samuel Bernard avait acheté la baronnie de Rieux, une de celles qui donnaient la présidence aux États de cette province ; il lui fut
répondu qu'il était bien propriétaire d'une baronnie, mais
qu'il n'était pas baron.

Dès l'année 1405, on admettait généralement en Bretagne
qu'il n'y avait que neuf seigneurs jouissant de l'avantage de
présider sans élection, et l'on parlait déjà de ces neuf barons
comme correspondant aux neuf évêques ; cette coïncidence était
si heureuse que l'idée s'en accrédita facilement. Elle n'avait
néanmoins aucun fondement solide, car on n'était déjà d'accord
ni sur le rang, ni même sur la désignation précise de ces neuf
hauts barons. Ce fut sans doute pour trancher ces difficultés
capitales que l'auteur de la chronique de Saint-Brieuc forgea,
en 1415, la prétendue charte attribuée à Alain Fergent. Le
duc Pierre, dans ses érections de 1451, affecte, il est vrai, ce
nombre de neuf barons, mais leurs rangs et même leur nombre
n'en cessèrent pas moins d'être contestés jusqu'à l'ordonnance de
1623, rendue par Louis XIII, sur la demande des États, pour
mettre fin aux discussions suscitées par ce droit de présidence.
Elle le réserva définitivement aux seuls barons de Vitré, Léon,
Châteaubriant, Ancenis, Derval, Retz, La Roche-Bernard, Malestroit et Quintin, mais ce fut là un acte de la toute-puissance
souveraine, réglant un privilége particulier, et ne pouvant
préjudicier à des droits différents appartenant par ailleurs à
d'autres terres.

Malgré cette ordonnance de 1623, il y eut encore des
tentatives faites pour saisir le privilège de la présidence,
mais elles furent vaines, et c'est ainsi que M. de Coëtmen
échoua dans cette prétention. Issu d'une branche cadette des

anciens sires de Coëtmen, il avait acquis, en 1737, les ruines de l'ancien manoir de Coëtmen, dans la paroisse de Trémeven, avec un petit entourage de terre ; sur cette base, il obtint, en 1739, des lettres patentes que la chambre des comptes refusa d'enregistrer en 1740. En 1742, il demanda la présidence sans élection, mais les Etats repoussèrent cette prétention dans une requête qu'ils présentèrent au Roi en 1745. Ils nient, dans cette pièce, que Coëtmen ait été été réellement érigé en haute baronnie en 1487 ; la mention qui en existe dans les registres de la chancellerie de Bretagne est, disent-ils, un faux intercallé dans les nombreux blancs de ces registres. Ils arguent surtout de ce que les seigneurs de Coëtmen ne sont inféodés, dans aucun de leurs aveux, du droit baronial de punir par le feu quand le cas y échet.

Le nom de *baron* est générique et s'appliquait autrefois à tous les grands seigneurs indistinctement ; on disait : *barones pro magnates et proceres regni* ; le baron était l'homme puissant en général, le *vir* des Romains ; mais, quand on parlait avec précision, les comtes et les vicomtes passaient toujours avant les barons proprement dits. La qualité de seigneur ou sire était celle que préférait la haute noblesse ; c'est celle qu'elle prenait le plus généralement d'elle-même dans les actes anciens ; elle tenait lieu de celles de banneret, baron, comte ou vicomte pour les personnes, de même que la qualité de châtellenie était appliquée indistinctement à tous les grands fiefs, même aux plus illustres seigneuries telles que Porhoët. Pour trouver un classement assuré des seigneuries, il faut descendre jusqu'en 1294, au rôle des osts du duc Jean II : ce titre est la meilleure autorité qu'on puisse invoquer, car il est certain que la dignité des fiefs se mesurait avant tout sur l'importance du service militaire qu'ils devaient au souverain.

Le nombre de ceux qui devaient plus d'un chevalier n'est pas si considérable qu'il ne soit facile de les citer ici, et cette nomenclature donne la liste complète des terres qui, à cette époque, étaient supérieures aux simples bannières ou fiefs de Haubert. Avaugour, comprenant alors Goëllo et Quintin, devait dix chevaliers et Porhoët en devait dix aussi. Penthièvre en devait huit ; Vitré, avec toutes ses dépendances, en devait cinq. Châteaubriant en devait sept, mais quatre seulement pour la baronnie, deux des autres étaient dus pour la terre du Désert et un pour Vioreau, qui n'étaient que des annexes non incorporées. Fougères, Retz, Donges, les vicomtés de Léon, de Rohan et de Tonquedec, en devaient chacune cinq. Largouet en devait quatre pour lui seul. Monfort et Gaël, ensemble aussi quatre. Lohéac, Rochefort, Ancenis, La Roche-Bernard et Pont-l'Abbé, chacun trois. Enfin, La Guerche, Pont-Château, Héric, Kemenet-Heboë, Botloy, Kergorlay et Kermavan, chacun deux.

Ce rôle montre clairement quel était le rang que tenait Largouet, en 1294, parmi les grands fiefs de la Bretagne, et rien n'indiquait qu'il en fût déchu depuis ; sa juridiction avait été plutôt augmentée que réduite, et l'on ne connaissait pas d'autre aliénation de domaine que celle de la forêt de Brohun ou de Trédion, vendue en 1660, par le duc d'Elbœuf, mais avec rétention de la mouvance féodale. Si la seigneurie de Largouet n'avait pas eu autant de renommée que beaucoup d'autres, cela tenait uniquement à ce qu'elle n'avait jamais été possédée par des seigneurs de son nom. Tombée aux Malestroit à une époque où les noms étaient déjà fixés, elle ne leur a pas imposé le sien tout en faisant réellement leur fortune, et il n'est pas étonnant que l'histoire, qui s'attache particulièrement aux personnes, n'ait eu que rarement l'occasion d'en parler. D'autres terres, également importantes, ont dû à des circonstances analogues de n'être pas rangées au nombre des hautes baronnies généralement reconnues. C'est ainsi que le vicomte de Rohan paraissait s'inquiéter fort peu de la dignité de la terre de son nom, avant qu'il eût songé à la faire ériger en Duché-Pairie, non plus que de celle de son comté de Porhoët ; du moment qu'il présidait en qualité de baron de Léon, les deux autres titres lui étaient indifférents puisqu'il ne pouvait pas se tripler.

Si, dès 1408, on voit le sire de Malestroit et de Largouet siéger aux États avant le sire de Retz et plusieurs autres barons, ce ne pouvait être à cause de sa seigneurie de Malestroit, qui ne fut érigée en baronnie qu'en 1451 ; c'était donc comme comte de Largouet qu'il occupait ce rang distingué. Après les Malestroit, Largouet ayant été possédé par les Rieux, déjà barons d'Ancenis, et à ce titre fondés au droit de présidence par un usage consacré, il n'est pas étonnant qu'ils aient négligé les titres de Largouet ; mais, pour sommeiller, ceux-ci n'en étaient pas moins certains.

L'article 50 de la coutume de Bretagne porte que le droit de punir par le feu est un attribut privatif des anciens comtes et barons de la province. Or, Largouet était constamment inféodé de ce droit. Cette seigneurie avait, comme les hautes baronnies, le droit de menée et de tenir le premier rang aux barres royales de Vannes et d'Auray. A Vannes, elle alternait avec Rochefort, mais à Auray elle tenait constamment le premier rang, ses juges y siégeaient dans le même auditoire que les juges royaux et ouvraient leurs séances immédiatement après les leurs. Largouet avait une chambre particulière, composée de cinq personnes, pour régler et apurer ses comptes ; une maîtrise pour ses forêts d'Elven, de Brohun ou Trédion et de Molac, instituée à l'instar des maîtrises du Roi, par lettres patentes de 1582, avec affranchissement du ressort ordinaire en pareille matière. Une bonne partie de la ville de Vannes était sous son fief, notamment l'hôtel de ville, qui était l'ancienne chambre des comptes des Ducs : leur ancienne maison de *Plaisance*, voisine du château de l'Hermine, et la plupart des églises paroissiales et des communautés. Largouet avait sous son obéissance un grand nombre de fiefs de Haubert, tels que Coëtcandé, Kerfily, Kervasy, etc., deux anciennes bannières ou baronnies, Molac et Loyon. Les seigneurs de Tréverac et du Bezit étaient ses sergents féodés pour recueillir ses rentes, et un châtelain centralisait ses revenus.   -

La juridiction de Largouet comprenait les trois quarts de la sénéchaussée de Vannes et les trois quarts de celle d'Auray ; elle s'étendait sur un espace de quinze lieues de l'est à l'ouest, entre Pluherlin et Mendon, et sur neuf lieues du midi au nord, entre l'île aux Moines et Saint-Jean-de-Brévelay ; vingt-huit grandes paroisses en relevaient, et à celles déjà citées t. 1er, p. 126, qui étaient sous Vannes, il faut ajouter, sous la sénéchaussée d'Auray, Saint-Goustan, Carnac, Mendon, Plůneret, Brech, Plumergat, Zanoch ou Ile-aux-Moines, Brandivy, Baden, Plougoumelen, etc. Bien que formant un ensemble compact, l'étendue de cette seigneurie était telle qu'on avait dû établir deux sièges pour sa juridiction, l'un à Vannes et l'autre à Auray; elle se subdivisait encore en trois châtellenies distinctes, ayant chacune une haute justice à quatre piliers. Elven, Trédion et Carnac ; avant l'ordonnance de Louis XIV, ses jugements s'exerçaient en dernier ressort contre les criminels condamnés à mort. Enfin, Largouet était décoré d'une magnifique forteresse féodale, l'une des plus remarquables de toute la Bretagne, à laquelle était attenant un parc muré de 190 hectares.

Aux xv et xvi siècles, les seigneurs de Largouet sont qualifiés indifféremment de sires, comtes ou vicomtes dans les aveux et dans les comptes qui leur sont rendus. Ils sont inféodés du titre de comte dans les aveux qu'ils rendent au Duc en 1470 ; le baron de Molac les qualifie ainsi dans son aveu de 1545 ; il en est de même des seigneurs du Bezit, de Talhouet, du Garo, de Loyon et de Kerleau, dans leurs aveux de 1639, 1641 et 1643. L'adjudication faite au surintendant Fouquet, en 1656, l'est sous le titre de comté. Les lettres patentes qui lui furent accordées en 1660, pour reconstituer cette seigneurie, qualifient partout Largouet de comté. Enfin, ce titre était reconnu dans l'arrêt de la chambre des comptes de Bretagne du 1er juillet 1719, portant réception de l'aveu du président de Cornulier.

Les Etats objectaient que Largouet n'avait pas joui de la prérogative du partage à viage, comme les anciens comtés ou baronnies, conformément à l'assise du comte Geoffroy ; à quoi l'on répondait qu'il ne paraissait pas que cette seigneurie eût jamais été divisée par aucun partage avant l'empire de la nouvelle coutume, qui avait tempéré ce que l'ancienne avait d'excessif en cette matière. En dernière analyse, les États se retranchaient sur ce que Largouet n'avait point de ville close et sur ce que ses seigneurs n'étaient fondateurs d'aucune abbaye, collégiale ou prieuré, ce qu'ils prétendaient être deux conditions nécessaires des anciennes baronnies.

Le Parlement n'en jugea pas ainsi; il ne confondit pas la faculté d'avoir une ville close avec l'obligation de la construire, non plus que le zèle religieux avec la puissance temporelle. Déjà, par deux arrêts, des 17 mars 1714 et 21 juillet 1719, il avait maintenu les officiers de Largouet dans la possession des fortes vacations. Par un nouvel arrêt rendu en grand'chambre, le 27 mars 1749, il débouta les États de leur opposition, comme on l'a déjà dit, t. 1er, p. 126 et 127.

Dans leur séance du 13 novembre 1750, les États chargèrent leur procureur-général-syndic de lever une expédition de l'arrêt rendu contre eux au profit du président de Cornulier, portant que les officiers de Largouet percevront les mêmes vacations que ceux des anciennes baronnies, afin de consulter l'affaire et d'agir ensuite conformément à la consultation. Enfin, dans leur séance du 19 décembre 1752, sur le rapport de la commission des procès, les États regardent comme finie l'affaire contre le président de Cornulier, et chargent leur procureur-général-syndic de continuer les poursuites contre les juges des Abbayes de Saint-Melaine et de Saint-Georges de Rennes et contre ceux de Rochefort, ce qui durait encore en 1762.

BARONNIE DE LANVAUX.

Lanvaux était, d'après d'Argentré, une juveigneurie du comté de Vannes. Alain de Lanveaux fonda l'abbaye de Lanvaux en 1138; un siècle plus tard, en 1238, Olivier, baron de Lanvaux, s'étant révolté contre le duc Jean le Roux, ce prince le défit, le retint quelque temps prisonnier et confisqua définitivement sa baronnie pour cause de félonie.

Dans la suite, Jean de Montfort, en reconnaissance de la victoire décisive qu'il avait remportée sur son compétiteur, Charles de Blois, fonda, sur le champ même où s'était donnée la célèbre bataille d'Auray, l'église collégiale de Saint-Michel, et la dota de 600¹ de rentes. Par lettres du 6 février 1382, il fit assiette de ces 600¹ de rentes de la manière suivante : 200¹ sur la châtellenie et forêt de Lanvaux, 200¹ sur la châtellenie d'Auray et 200¹ sur la châtellenie de Vannes.

Par autres lettres du 3 août 1385, le duc Jean IV donna aux chapelains du Champ, sa châtellenie même de la forêt de Lanvaux, avec toutes ses dépendances et appartenances, *excepté le parc de Lanvaux et la pêche de l'étang des moulins de la forêt*, qu'il se réserva avec ses droits souverains. Ledit transport, accepté par les chapelains, est fait pour leur tenir lieu de 300¹ de rentes sur les 600¹ portées dans la fondation. Le duc fit confirmer cette donation par les Etats assemblés à Ploërmel en 1396; elle fut approuvée par le Pape en 1410, et par le Concile de Constance en 1416. En 1480, à la prière du duc François II, le Pape Sixte IV changea l'église collégiale de Saint-Michel du Champ en un monastère de Chartreux qui hérita de la dotation primitive et qui subsista jusqu'à la révolution.

Par cette assiette de 1385, ce furent les chapelains du Champ et après eux leurs successeurs les Chartreux, qui devinrent les véritables barons de Lanvaux ; la réserve du parc et de la pêche d'un étang, que le duc avait faite à son domaine, était une distraction insignifiante en comparaison de l'universabilité du fief et de la juridiction qu'il transportait aux religieux. C'était là ce qui constituait réellement la baronnie, et le nom de Châtellenie que lui donne le Duc, suivant l'usage de l'époque, ne change rien à la nature de la chose ; c'est ainsi qu'il qualifie, dans ses lettres de 1382, de châtellenies ses comtés de Vannes et d'Auray, qui n'en demeurèrent pas moins de véritables comtés pour cela, car il était de principe en Bretagne que la qualité primordiale des terres ne se perdait jamais. Si donc Lanvaux était une ancienne baronnie, comme l'histoire en fait foi, ce furent ces religieux qui devinrent barons de Lanvaux en 1385.

Cependant, la donation que le duc avait faite à la collégiale de Saint-Michel déplut au vicomte de Rohan ; il avait, sous le fief de Lanvaux, quelques possessions et le fier baron se refusa à en faire hommage à des chapelains. Pour apaiser l'intraitable vassal, le Duc, obligé encore à beaucoup de ménagements, retira à lui la mouvance de tout ce qui appartenait au vicomte sous le fief de Lanvaux; mais, pour en dédommager les chapelains, auxquels elle avait été donnée, il leur transporta à la place, par lettres du 14 mai 1395, le fief dépendant de son domaine ducal dans la paroisse de Pluvigner.

L'exemple d'insubordination féodale que le vicomte de Rohan avait donné fut contagieux; plusieurs gentilshommes, vassaux de la baronnie de Lanvaux, tels que le sieur du Garo, Louis de La Forest, Guillaume Du Grabb, Pierre le Douarin, etc., tentèrent aussi de se soustraire à l'obéissance des Chapelains, mais ils n'étaient pas de la taille du vicomte, et le Duc leur imposa purement et simplement la soumission féodale par un mandement du 19 février 1410 adressé à Guillaume Preczart, son procureur-général, et à Olivier Du Cellier, son procureur particulier de Broërec. D'autres lettres patentes, des 22 mai et 21 septembre 1417, confirmèrent de nouveau les chapelains dans

toutes leurs mouvances, et ils furent ainsi décidément fondés
à se dire barons de Lanvaux et châtelains de Pluvigner.

Dom Morice (histoire, t. 1er, col. 996 à 998) a consacré sa
note 58e à l'histoire de la baronnie de Lanvaux, mais son exposé
n'est pas fidèle en tous points. « Le duc François II, dit-il, crut
» que le précieux reste de la baronnie de Lanvaux que le duc
» Jean IV s'était réservé (le parc et la pêche d'un étang sans
» fief ni aucune juridiction) suffisait à un riche et puissant sei-
» gneur pour porter le titre de baron de Lanvaux et pour en
» avoir les prérogatives. Il le céda donc (au mois de décembre
» 1463) à André de Laval, seigneur de Lohéac, maréchal de
» France, et il le nomma baron de Lanvaux aux titres, préémi-
» nences et prérogatives dont jouissaient les anciens barons de
» Bretagne et avant les barons de la création de 1451. Pour
» prévenir les différends qui pourraient naître pour le rang
» dans les assemblées, le maréchal traita avec les barons de
» Derval et de Malestroit qui lui cédèrent, en 1464, le sep-
» tième rang dans les Parlements. Le maréchal fit publier
» ses lettres aux Etats de Dinan, prit séance au banc des barons
» et mourut sans postérité en 1485. Trois mois avant sa mort,
» le duc lui avait substitué Louis de Rohan, sire de Guémené,
» qui prit séance, comme baron de Lanvaux, le 27 sep-
» tembre 1486. »

Il fallait que le nom de Lanvaux jouit d'un grand prestige en
Bretagne pour que le maréchal de Lohéac et le sire de Gué-
méné se montrassent si empressés de saisir un titre qui n'avait
de réel qu'un lambeau de terre et la pêche d'un étang ; assuré-
ment rien n'était moins féodal qu'une pareille érection ; c'était
déjà une sorte de titre à brevet, invention de la décadence du
système, et fort étrange pour l'époque. D. Morice en a compris
le ridicule ; il cherche à le pallier en étoffant de son mieux la
base de cette nouvelle baronnie ; c'était, dit-il, l'emplacement
de l'ancien château, le pour prix, le parc, les bois, l'étang et
autres fonds sis en la paroisse de Grand-Champ ; il allonge
autant que possible l'énumération, mais toute cette nomenclature se réduisait en réalité au parc et au droit de pêche. Quant
à la juridiction, il se garde d'en prononcer le nom.

Louis de Rohan sentit promptement le vide de son nouveau
titre et songea à lui donner une base plus assurée que des
lettres patentes ; il obtint du Duc la permission de retirer la
vraie baronnie, qui était entre les mains des Chartreux, en
leur donnant à la place d'autres biens de même valeur, et l'é-
change fut même arrêté avec eux par acte du 7 décembre 1486.
A la faveur de ce contrat, le sire de Guémené se fit rendre des
aveux, comme baron de Lanvaux, par les vassaux de la baronnie ; mais il ne jouit pas longtemps de cet avantage, soit qu'il
n'ait pas tenu ses engagements, soit par le défaut de quelque

ratification nécessaire, les Chartreux furent bientôt réintégrés dans leur seigneurie.

Cependant, comme la juridiction de Lanvaux suscitait à ces religieux des discussions continuelles, et qu'ils ne pouvaient en jouir avec la paix convenable à leur caractère; ils obtinrent de la duchesse Anne la permission de l'aliéner par lettres du 10 juillet 1514. En conséquence, et par contrat du 30 du même mois, ils transportèrent à Jean Gibon, écuyer, seigneur Du Grisso, toute la partie du fief dominant de la châtellenie de Lanvaux s'étendant dans la paroisse de Grand-Champ, comprenant les rentes, juridiction haute, basse et moyenne, fiefs et autres droits quelconques, à l'exception des domaines qu'ils possédaient dans la même paroisse, que les Chartreux se réservèrent. En contre échange de cette féodalité, le sieur Du Grisso leur transporta d'autres domaines. Le sire de Guémené mit d'abord opposition à ce contrat d'échange, en vertu de sa convention de 1486, mais il s'en désista par acte du 8 avril 1516 et consentit qu'il eût son exécution; enfin le tout fut ratifié par lettres patentes du roi en 1529.

« Quant à la baronnie de Lanvaux, dit D. Morice, MM. de » Guémené en ont porté le titre jusqu'en 1530 et l'ont aban- » donné depuis sans qu'on en sache la raison. » Il est étonnant que l'historien particulier de la maison de Rohan ne soit pas mieux instruit de ce qui la concerne directement; mais toute sa note prouve qu'il n'a pas voulu exposer la vérité tout entière. La raison que D. Morice tait est que les Rohan avaient assez de titres solides pour ne point se parer d'une vaine qualification. Par suite de leur renonciation de 1516, la vraie baronnie de Lanvaux était passée sans contestation possible aux Gibon qui en prirent immédiatement le titre. S'ils n'avaient pas le parc ou forêt, où se trouvait l'emplacement de l'ancien château, ils possédaient la juridiction qui était l'essence même de la baronnie féodale, puisqu'elle seule donnait autorité sur des sujets. L'ancienne baronnie de Lanvaux ne paraît pas avoir jamais eu une juridiction dont l'importance répondît à la célébrité de son nom; tout indique qu'elle ne s'étendait pas au-delà de la paroisse de Grand-Champ, dont une bonne partie relevait même de Largouet, et les fiefs de ce comté atteignaient la forêt de Lanvaux qui avait donné son nom à la baronnie. Dans tous les cas, il est bien certain que le transport fait par les Chartreux à Jean Gibon comprenait le cœur et le démembrement principal de l'ancien fief de Lanvaux, ce qui suffisait pour lui en assurer le titre.

Plus tard, les Chartreux d'Auray furent obligés d'aliéner aussi leur châtellenie de Pluvigner, pour payer leur part des décimes exorbitantes que Charles IX avait obtenues du Pape sur le clergé; ils la vendirent, par acte du 19 octobre 1563, à René de Malestroit, baron de Keraër, comme le rapporte très-bien Du Paz dans sa généalogie de Malestroit. Louise de Malestroit, héritière de Keraër, porta cette châtellenie à René de Montalais, son mari, et Mathurin de Montalais, leur fils aîné, la vendit, en 1641, avec la vicomté de Kerambourg, à Jean de Robien, maître des comptes de Bretagne. Du temps où elle était possédée par les Chartreux, la châtellenie de Pluvigner était aussi nommée *la forêt de Lanvaux* ou *Lanvaux-en-Pluvigner*, le titre supérieur de la baronnie de Lanvaux s'appliquant à toutes leurs possessions voisines ; de là les Robien prirent texte de se qualifier châtelains de Lanvaux, mais ils furent déboutés de cette prétention par arrêt de la chambre des comptes de 1683.

Julien Gibon, seigneur Du Grisso, petit-fils de Jean, qui avait acquis des Chartreux la baronnie de Lanvaux, la vendit, par acte du 28 juin 1660, au rapport de Galois et Cousinet, notaires à Paris, au surintendant Fouquet, qui, quatre ans auparavant, avait déjà acquis le comté voisin de Largouet. Après le disgrâce du surintendant, ces deux seigneuries furent, avec d'autres terres, abandonnées, par acte du 19 mars 1673, à Marie-Madeleine de Castille, sa veuve, pour assiette de ses deniers dotaux. Elle en rendit aveu au Roi, sous son domaine de Vannes, le 8 juillet 1681 ; et, dès le 10 janvier 1686, elle les vendit toutes les deux, par un même acte, à Louis de Trémerreuc, président au Parlement de Bretagne, qui mourut en 1689. La même année, sa fille aînée et principale héritière, Anne-Louise de Trémerreuc, les porta en mariage à Toussaint de Cornulier, marquis de Châteaufremont, qui rendit, au nom de sa femme, aveu au Roi pour sa baronnie de Lanvaux le 25 février 1698. Le 30 octobre 1715, Charles-René de Cornulier rendit à la chambre des comptes un nouvel aveu pour sa baronnie de Lanvaux, dans lequel il déclare qu'elle a droit de justice patibulaire à quatre piliers dans la paroisse de Grand-Champ, et l'arrêt de réception porte reconnaissance de son titre de baronnie.

DE TRÉMERREUC.

Louis de Trémerreuc, président aux enquêtes du Parlement de Bretagne, avait sept cadets, au nombre desquels était Françoise de Trémerreuc, dite mademoiselle de La Chesnais, pensionnaire perpétuelle au couvent des religieuses calvairiennes de Dinan, où elle vécut jusqu'au 20 décembre 1738. Louis de Trémerreuc leur avait donné partage, en 1675, dans le patrimoine des Trémerreuc, qui était situé aux environs de Matignon. Il mourut lui-même en 1689, après avoir été marié deux fois ; mais il n'eut pas d'enfants du second lit. En premières noces, il avait épousé Guyonne *Goret*, et en secondes noces Françoise

Georget, qui convola avec François-Joachim *Des Cartes*, seigneur de Kerléau, conseiller au Parlement de Bretagne; elle vécut jusqu'en 1728. Du premier lit vinrent plusieurs filles dont deux seulement furent mariées : madame de Cornulier et Louise-Françoise de Trémerreuc, sa sœur puînée, qui épousa en 1696 Guillaume *de La Noue*, seigneur de Bogar, conseiller au Parlement de Bretagne, dont elle eut :

1º Vincent -Toussaint-Marie, qui suit,

2º Catherine de La Noue, mariée à M. de Bertho,

3º Deux autres filles religieuses.

Vincent-Toussaint-Marie de La Noue, seigneur de Bogar, conseiller au Parlement de Bretagne, épousa Marie-Madeleine *de Pressac*, dont il eut :

1º Joseph-Sylvain-Toussaint-Marie de La Noue, seigneur de Bogar, marié en 1745 avec Françoise-Marcelle *Gillin*, dont : Guillaume-François de La Noue, seigneur de Bogar, page du Roi, puis lieutenant des maréchaux de France.

2º Jules-César de La Noue, capitaine d'infanterie, épousa Rose-Émilie *de Langan* Du Boisfévrier; il en eut plusieurs enfants dont la postérité est éteinte.

3º Jérôme-François de La Noue, archidiacre de Saint-Brieuc.

BOISLÈVE.

La famille Boislève, d'Anjou, prétend, non sans de bons motifs, descendre d'Etienne Boislève ou Boileau, prévôt de Paris du temps de saint Louis, et qui suivit ce prince à la croisade d'Egypte. Jean, chevalier et maître d'hôtel du duc d'Orléans, fit son testament à Chalocé, près d'Angers, en 1396, avant de partir pour la croisade de Hongrie; il descendait d'Etienne au cinquième degré.

I. François Boislève, seigneur de la Brisardière, lieutenant de la prévôté d'Angers en 1569, épousa Philippe *Préoulleau*, dont il eut :

1º Maurice Boislève, seigneur de La Brisardière, conseiller au Parlement de Bretagne en 1577, épousa Marie Le Lou, (Voyez 1er *supplément*, p. 218).

2º Marin Boislève, seigneur de La Maurousière, lieutenant général de la sénéchaussée d'Angers, créé chevalier héréditaire par Henri IV en 1597, reçut l'année suivante la concession de *trois fleurs de lys d'or* pour ajouter en chef de ses armes; il épousa, en 1578, Renée *Nicolas* de La Thomassière, et est l'auteur de l'une des branches de sa famille demeurées en Anjou.

II. 3º Charles Boislève, seigneur de La Gillière, conseiller au Parlement de Bretagne, en 1595, épousa en 1594 Marie *Nicolas* de La Thomassière, sœur puînée de la femme de son frère ; il en eut seize enfants, entre autres :

1º Louis, qui suit.

2º Charles Boislève, auteur des seigneurs de Noirieux, des Aulnais, de Soucelle, de La Croiserie ; dont trois conseillers au Parlement de Bretagne, en 1641, 1668 et 1696 ; sa postérité subsistait encore an 1781.

3º Claude Boislève, sieur de La Guérinière.

4º Henri Boislève, seigneur de La Mauricière.

5º Gabriel Boislève, évêque d'Avranches en 1651, mort en 1667 ; avait acquis, en 1657, du duc et de la duchesse de Vendôme, la baronnie d'Ancenis qu'il revendit, en 1660, à Armand de Béthune, marquis de Charost, et à Marie Fouquet, son épouse.

III. Louis Boislève, né en 1598, conseiller d'Etat en 1652, épousa en 1628 Perrine *de Born*, dont il eut :

1º François, qui suit.

2º Louis Boislève, sieur de La Gillière, épousa, en 1654, Perrine *Le Chat*, dont : Madeleine Boislève mariée en 1692 à Pierre *Le Roy*, sieur de La Potherie, conseiller au Parlement de Bretagne.

3º Jacques Boislève, sieur Du Planty, épousa : 1º N**** ; 2º en 1667, Jeanne *Gohin*.

Du premier lit vint : Jacques Boislève, seigneur Du Planty, mort en 1747, brigadier des armées du Roi et gouverneur de Lannion, père de Catherine-Marie Boislève, mariée à son cousin Joseph-François-Marie *Boislève*, seigneur de Chamballan, comme on va le dire plus loin.

Du 2e lit vint : Anne Boislève, capitaine de dragons, marié en 1715 avec Marie *Eveillon* ; dont Anne Boislève, seigneur Du Planty, de Razilly, de La Mardetaye, qui épousa en 1748 demoiselle *De Beauregard*.

IV. François Boislève, seigneur de Chamballan en Rougé, de Noulis, etc., conseiller au Parlement de Bretagne, en 1668, mort en 1700, épousa Anne-Françoise *Huby*, fille d'écuyer Jean Huby et de Jeanne *Nouvel*, sieur et dame de Kerguyo et de Kervignac près Hennebont ; ledit Huby fils de Mathieu Huby et de Mauricette *Le Mezec*. De ce mariage vinrent :

1º Joseph-Hyacinthe-François, qui suit.

2º Jeanne-Marie-Rose-Françoise de Boislève, mariée : 1º à François *de La Bourdonnaye*, seigneur de Liré, président au Parlement de Bretagne ; 2º en 1718, à Toussaint *de Cornulier*, aussi président au Parlement de Bretagne.

V. Joseph-Hyacinthe-François de Boislève, chevalier, comte de Chamballan, seigneur de La Minière, du Rouvre, etc., conseiller au Parlement de Bretagne, en 1701, épousa : 1° Jeanne-Thérèse *Geoffroy* de Villeblanche; 2° en 1713, Marie-Angélique *de France* de Landal; 3° Julienne-Agnès *Le Vicomte*. Il eut au moins onze enfants de ses trois femmes ; l'aîné du premier lit fut :

VI. Joseph-François-Marie de Boislève, comte de Chamballan, né en 1704, président au Parlement de Bretagne en 1728, qui épousa Catherine-Marie *de Boislève*, comme on l'a dit ci-dessus; devenu veuf, il se fit prêtre et mourut en 1779, commandeur de l'ordre de Saint-Lazare et grand vicaire de Nantes. Il laissa un fils et une fille ;

Joseph-Louis-Marie de Boislève, comte de Chamballan, président au Parlement de Bretagne en 1756, et Marie-Christine-Louise de Boislève, mariée en 1755 à Jean-René *de Coatarel* de Kernautour ; elle mourut sans postérité.

Etienne Boislève ou Boileau, prévôt de Paris en 1248, portait : *d'azur à la fasce d'argent, accompagnée de deux étoiles d'or en chef et d'une gerbe d'or liée de gueules en pointe*; autrement : *la fasce accompagnée de trois étoiles d'or, sans gerbe*. Le testament de Jean Boislève, fait en 1396, porte cette clause : « Item » ge veil, commande et ordrenne à mon fils aîné que doresna-» vant il prenne pour ses armes *trois croix d'or penchées*, au lieu » de trois étoiles d'or, parce que je me suis voué et ai fait pein-» dre sur mon écu et jaquette d'armes les dites trois croix. » Depuis lors, les Boislève d'Anjou et ceux de Bretagne, qui en descendent, ont porté : *d'azur à trois sautoirs alésés d'or, 2 et 1.* La postérité de Marin Boislève, seigneur de La Maurousière, y a ajouté : *un chef cousu d'azur chargé de trois fleurs de lys d'or,* suivant la concession que Henri IV lui en avait faite en 1598. Quant à l'attache des Boislève d'Anjou à ceux de Paris, elle est justifiée par une sentence du prévôt Hugues Aubriot de l'an 1368.

VIIIᵉ DEGRÉ.

Du 27 juin 1711, procuration donnée par messire Jean-Baptiste *de Cornulier*, chevalier, seigneur de Lorière et autres lieux, conseiller au Parlement de Bretagne, curateur de messire Charles-René *de Cornulier*, chevalier, marquis de Cornulier, comte de Largouet; demeurant ledit sieur de Lorière, hors son semestre en son hôtel à Nantes, rue Haute-du-Château, paroisse Sainte-Radégonde, à l'effet d'autoriser ledit comte de Largouet à requérir l'évocation du procès pendant au Parlement de

Bretagne entre lui et M. Des Cartes de Kerleau, conseiller audit Parlement, et le sieur Du Boisbasset, à cause des proches parentés et alliances des parties, signé : J. B. de Cornulier, Preimeru et Duhil, notaires royaux à Nantes.

Du 30 octobre 1715, aveu et dénombrement de la terre et seigneurie du comté de Largouet et des fiefs et juridiction de la seigneurie et baronnie de Lanvaux, qui a droit de justice patibulaire à quatre piliers en la paroisse de Grand-Champ, sous le ressort de la sénéchaussée de Vannes, fourni au Roi par messire Charles-René *de Cornulier*, chevalier, comte de Largouet et baron de Lanvaux, fils aîné, H. P. et N. de dame Anne-Louise de Trémerreuc, sa mère, vivante dame comtesse de Largouet et baronne de Lanvaux ; ledit seigneur émancipé et usant de ses droits sous l'autorisation de messire Jean-Baptiste *de Cornulier*, seigneur de Lorière, conseiller au Parlement de Bretagne, son curateur. Lesquelles choses il déclare lui être échues de la succession de ladite dame sa mère.

Du 29 janvier 1725, transaction entre H. et P. seigneur René-Alexis le Sénéchal-Carcado, chevalier, comte de Carcado, marquis de Pontcroix, baron de Molac et de Quintin-en-Vannes, etc., lieutenant général des armées du Roi, chevalier de saint Louis, gouverneur de Quimper ; et H. et P. messire Charles-René *de Cornulier*, chevalier, marquis de Cornulier, comte de Largouet, baron de Lanvaux et autres lieux, conseiller au Parlement de Bretagne, demeurant à Rennes, sur la Motte-Saint-Georges, paroisse Saint-Jean ; au sujet des mouvances de leurs fiefs de Quintin et de Largouet, et de ce qui devait relever en proche de la baronnie de Molac, sujette elle-même du comté de Largouet. Au rapport de Le Breton et Le Barbier, notaires royaux à Rennes.

Du 15 juin 1728, aveu rendu au seigneur de La Motte-Glain, par Charles-René *de Cornulier*, pour raison de la mort de Toussaint *de Cornulier*, son père, arrivée le 7 novembre 1727.

De l'an 1729, quantité d'aveux des vassaux de Largouet et de Lanvaux rendus à H. et P. messire Charles-René *de Cornulier*, chevalier, marquis Châteaufremont, comte de Largouet et de Vair, baron de Lanvaux et de Montrelais, etc., conseiller du Roi en ses conseils et président à mortier en son Parlement de Bretagne. Quantité d'extraits des greffes de Largouet, à Vannes et à Auray, portant les mêmes titres.

Par son testament, en date du 14 août 1700, Anne-Louise de Trémerreuc avait ordonné qu'il serait fondé au bourg de Saint-

Herblon un établissement de sœurs pour le soulagement dés pauvres. Charles-René *de Cornulier*, son fils, en exécution des volontés de sa mère, s'obligea, par acte du 7 juillet 1733, à leur payer une rente de 450¹, en attendant de faire un fonds dé terre pour la subsistance de ces sœurs. Il acheta en outre une maison et la fit meubler, le tout pour 6,000¹, et y établit les sœurs d'école charitable de la maison de Plerin.

L'inventaire fait après la mort de Charles-René *de Cornulier* porte le mobilier de son hôtel de Rennes à 52,000¹; celui du château de Lezonnet à 12,000¹; de la maison de Glévilly à 1,500¹, et celui de la maison de La Touche en Trévé à 1,700¹. A la mort de son père, le mobilier du château de Vair avait été estimé 55,000¹. Les ameublements de cette époque étaient, proportionnellement aux fortunes, beaucoup plus riches qu'ils ne le sont aujourd'hui; le luxe en était plus solide.

Extraits des registres de la paroisse de Loyat.

Le 12 janvier 1717, ont reçu la bénédiction nuptiale H. et P. messire Charles-René *de Cornulier*, comte de Largouet, conseiller au Parlement, et demoiselle Marie-Anne de La Tronchaye, de cette paroisse de Loyat, signé : Charles-René de Cornulier, Marie-Anne de La Tronchaye, Toussaint de Cornulier, Pierre-Joseph de La Tronchaye, Péronnelle de La Villéon, Jean-François de La Tronchaye, J. P. Hay des Nétumières, Elisabeth de Cornulier des Nétumières, Emilie-Félicité de Cornulier, J. B. de Cornulier, Gilles de La Tronchaye, Anne de Chevreul du Cartié, François Rogier du Crévy, Jacques-Antoine de Revol, Eustache-Rogier du Crévy, François du Cartié, Eugène de La Villéon, etc.

Le 2 janvier 1718, les cérémonies du baptême ont été suppléées à mademoiselle Marie-Angélique-Sainte *de Cornulier*, fille de H. et P. messire Charles-René de Cornulier, seigneur marquis dudit lieu, comte de Largoët, conseiller au Parlement de Bretagne, et de H. et P. dame Marie-Anne de La Tronchaye. A été parrain, H. et P. messire Toussaint de Cornulier, chevalier, marquis de Châteaufremont, baron de Montrelais et autres lieux, conseiller du Roi en tous ses conseils, président à mortier au Parlement, et marraine, H. et P. dame Péronelle de La Villéon, dame de La Tronchaye, Lezonnet et autres lieux. Le tout après avoir reçu la permission de monseigneur l'évêque de Saint-Malo en date du 10 octobre 1717.

Le 28 juillet 1719, les cérémonies du baptême ont été suppléées à mademoiselle Marie-Anne-Josèphe *de Cornulier*, née et baptisée à la maison (le château de Lezonnet) le 27 février 1719, par permission de monseigneur l'évêque de Saint-Malo.

Parrain, messire Pierre-Joseph de La Tronchaye, seigneur dudit lieu, de Lezonnet, etc. Marraine, H. et P. dame Jeanne-Marie-Rose-Françoise de Boislève, présidente de Cornulier. Signé : Jeanne-Marie-Rose-Françoise de Boyslève de Cornulier, Pierre-Joseph de La Tronchaye, Françoise de Coëtanscours de Villeneuve du Crévy, Magon de Lambilly, Céleste de Lambilly, Joseph-Marie de Trécesson, Anne-Suzanne Mahé, du Broutay de Lambilly, etc.

Le 7 avril 1740, a été administrée la bénédiction nuptiale à H. et P. messire Joseph-Michel-René du Dresnay, chevalier, seigneur de Kerlaudy, chef de nom et d'armes du Dresnay, capitaine général des côtes de Saint-Pol-de-Léon, demeurant paroisse de Pleiber-Christ, évêché de Saint-Pol, et à demoiselle Elisabeth *de Cornulier*, fille mineure de feu H. et P. messire Charles-René de Cornulier, chevalier, seigneur marquis de Châteaufremont, comte de Largoët, etc., président à mortier au Parlement de Bretagne, et de dame Marie-Anne de La Tronchaye, sa veuve. Le mariage de ladite mineure décrété par la juridiction de l'abbaye royale de Saint-Melaine le 24 mars 1740. Signé : du Dresnay, Elisabeth de Cornulier du Dresnay, le Jar des vaches du Dresnay, Marie-Anne de La Tronchaye de Cornulier, Jeanne de Cornulier, le Sénéchal Carcado, Rogier du Crévy, Montmorency-Carcado, Silvie du Crévy, Pauline Villeneuve, Coëtlogon, Fabroni de La Garoulaie, Jean Noguès, chapelain de Lezonnet, etc.

Extraits des registres de la paroisse d'Anetz.

Le 14 novembre 1711, furent parrain et marraine H. et P. seigneur messire Charles-René *de Cornulier*, chevalier, seigneur comte de Largouet, et demoiselle Emilie-Félicité *de Cornulier*.

Le 29 mars 1728, ont été suppléées les cérémonies du baptême à une fille de H. et P. seigneur messire Charles-René *de Cornulier*, chevalier, marquis de Châteaufremont, baron de Montrelais, comte de Largouet, etc., conseiller du Roi en tous ses conseils, président à mortier au Parlement de Bretagne, et de H. et P. dame Marie-Anne de La Tronchaye; ladite demoiselle ayant été ondoyée dans la paroisse de Loyat, le 15 décembre 1721, par permission de monseigneur l'évêque de Saint-Malo, a été nommée Françoise-Elisabeth par messire François de Montmorency, brigadier des armées du Roi, mestre de camp du régiment d'infanterie de Bresse, et par dame Elisabeth de Cornulier des Nétumières. Signé : François de Montmorency, C. R. de Cornulier, Marie-Anne de La Tronchaye de Cornulier, Angélique de Cornulier, Marie-Anne Petiot de La Boissière, etc.

Extraits des registres de la paroisse de Saint-Jean de Rennes.

Le 1er juillet 1725, a été baptisée Jeanne-Charlotte-Jérôme, née de ce jour, fille de H. et P. messire Charles-René *de Cornulier*, chevalier, seigneur de Largouet, conseiller au Parlement et de H. et P. dame Marie-Anne de La Tronchaye, son épouse. Parrain, H. et P. messire Jérôme-Vincent Champion, chevalier, seigneur de Cicé; marraine, dame Jeanne-Françoise Nepveu, épouse de messire Maurille Michau, seigneur de Ruberzo, sénéchal de Rennes. (Cette Françoise Nepveu était fille de Françoise Goret, sœur cadette de Guyonne Goret, mariée à Louis de Trémerreuc). Signé: Hyérôme Champion de Cicé, Le Prestre de Lezonnet, T. de Cornulier, Brehan de Ruberzo, C. R. de Cornulier.

Le 10 avril 1738, le corps de H. et P. seigneur messire Charles-René *de Cornulier*, marquis de Châteaufremont, comte de Largouet, baron de Montrelais, vicomte de Vair, conseiller du Roi en ses conseils, président à mortier au Parlement de Bretagne, âgé d'environ 48 ans, décédé d'hier en son hôtel, a été par nous recteur de cette paroisse, assisté de toutes les paroisses et communautés de cette ville, conduit en la chapelle des R. P. Minimes, dont il est fondateur, pour y être inhumé. Le corps n'a point été porté dans notre église pour y rendre ses derniers devoirs, la famille nous l'ayant demandé, ce que nous lui avons accordé sans préjudice de nos droits que nous réservons expressément. Signé: Cornulier, Baudoin, curé.

BRANCHE DU BOISMAQUEAU.

VI° DEGRÉ.

Du 15 décembre 1683, contrat de constitution de 222ˡ 4ˢ 5ᵈ de rente consentie par dame Jeanne de Rogues de La Poueze, faisant pour messire Jean-Baptiste *de Cornulier*, chevalier, seigneur du Boismaqueau, président en la chambre des comptes de Bretagne, son mari, au profit de N. H. Claude Meneust, émancipé, de messire Jean-Baptiste des Vaulx et dame Françoise Meneust, son épouse, et demoiselle Marguerite Meneust, enfants et héritiers de défunts N. G. Julien Meneust et Jeanne Macé, sa compagne, sieur et dame de Loiselière.

Du 26 mars 1687, contrat d'acquet du fief et juridiction avec H. M. et B. Justice de La Motte, en la paroisse de Trans, vendu par demoiselle Jeanne Pavageau, épouse de René de Beauvais, à messire Jean-Baptiste *de Cornulier*, chevalier, seigneur du Boismaqueau, président en la chambre des comptes de Bretagne.

Du 14 janvier 1690, aveu rendu à messire Jean-Baptiste *de Cornulier*, chevalier, seigneur du Boismaqueau, La Pérochère, Clermont et Bourmont en Pannecé, La Rigaudière, Saint-Père et La Gillière, La Poëze, Le Boisbenoit, Saint-Ouain, La Sionnière, La Motte-en-Trans, conseiller du Roi, président en la chambre des comptes de Bretagne, pour cause de sa seigneurie de Saint-Père en Mouzeil et en Pannecé.

Du 4 novembre 1695, ferme de neuf ans du temporel de l'Aumônerie du Loroux-Bottereau, consentie moyennant la somme annuelle de 700ˡ, outre les charges ordinaires imposées à ladite Aumônerie, par noble et discret messire Claude *de Cornulier*, aumônier de ladite Aumônerie. Signé : Claude de Cornulier, Lebreton, notaire royal et apostolique à Nantes.

Du 22 décembre 1698, transaction passée entre messire Jean-Baptiste *de Cornulier*, chevalier, seigneur du Boismaqueau, conseiller du Roi en ses conseils et président d'honneur en la chambre des comptes de Bretagne, faisant tant pour lui que

pour dame Jeanne de Rogues, son épouse, héritiers sous bénéfice d'inventaire de défunte dame Françoise de Channé, veuve
de feu François Blanchard, sieur de La Laudière, d'une part ;*
et Alexandre Guillermo, sieur de Condest et Michel Guillermo,
sieur de Darun, son frère, au rapport de Lecourbe et Gendron,
notaires royaux à Nantes.

Du 18 mars 1710, acte de démission de messire Jean-Baptiste *de Cornulier*, chevalier, seigneur du Boismaqueau, président honoraire en la chambre des comptes de Bretagne. Lequel
pour l'amitié qu'il porte à messire Claude de Cornulier, président en ladite chambre, son fils aîné et son héritier présomptif,
principal et noble, et à ses puinés, qui sont : messire Claude de
Cornulier, son cadet, abbé de Cornulier ; dame Julie de Cornulier, épouse de messire Paul Lefebvre, seigneur de La Brulaire ;
et demoiselle Eulalie de Cornulier, émancipée de justice.
Lesdits sieurs, dame et demoiselle de Cornulier ses enfants de
son mariage avec défunte dame Jeanne de Rogues de La Poëze,
son épouse ; s'est, par ces présentes et de son bon gré, démis
entre les mains de sesdits enfants de tous ses biens meubles et
immeubles, tant propres que d'acquets, ne se réservant, ledit
seigneur du Boismaqueau, que l'usufruit, pendant sa vie, de
tout le bien qui est situé dans la paroisse de Varades, qui était
des propres de sa défunte épouse ; la jouissance de la maison
et terres de La Sionnière, située dans les paroisses de Teillé et
de Mouzeil, affermée 620¹ ; sa vaisselle d'argent, en toute propriété, et l'usage seulement des autres meubles de sa maison
de Varades.

Et, attendu que ledit seigneur président de Cornulier, comme
aîné, doit être chargé de tous lesdits biens délaissés, la présente démission est faite à la charge à lui de partager ses
cadets auxdits biens ; c'est pourquoi ledit président, en attendant faire ledit partage, qu'il commencera dans un an et sera
fini six mois après, consent dès à présent que ledit sieur abbé
de Cornulier jouisse des terres et dépendances situées proche
de Lannion, en basse Bretagne, provenant du partage donné
audit seigneur du Boismaqueau par défunt Monsieur le président de Cornulier, son frère, donnera à ladite demoiselle
Eulalie de Cornulier, sa sœur, 700¹ par an, par provision ; et
consent que lesdits seigneur et dame de La Brulaire jouissent
de la maison de La Poëze, comme ils ont ci-devant fait. Signé :
J.-B. de Cornulier, Cl. de Cornulier, Claude abbé de Cornulier,
Le Febure de La Brulaire, Julie de Cornulier, Eulalie de Cornulier. Lebreton, notaire royal à Nantes.

Le 1ᵉʳ avril 1710, Claude de Cornulier, aîné, déclare que les
biens formant l'objet de cette démission consistent dans la terre
du Boismaqueau, paroisse de Teillé, valant 16,000¹ et en plu-

sieurs convenants situés dans l'évêché de Tréguier, valant ensemble 4000¹. Signé : Cl. de Cornulier.

Du 13 février 1713, accord S. S. P. entre messire Claude *de
Cornulier*, chevalier, seigneur du Boismaqueau, président en
la chambre des comptes de Bretagne, messire Claude de Cornulier, seigneur abbé de Cornulier, dame Julie de Cornulier,
épouse de messire Paul Le Feuvre, seigneur de La Brulaire, et
demoiselle Eulalie de Cornulier, émancipée de justice ; par lequel les parties conviennent que la charge de président en la
chambre des comptes de Bretagne restera, avec les nouveaux
gages, à leur frère aîné sur le pied de 90,000¹ ; que les cadets
prendront pour leur partie dans les biens nobles les terres du
Boisbenoît et de la Poëze ; deux domaines congéables en Basse-
Bretagne avec 4,816¹ de contrats de constitutions, etc. Signé :
Cl. de Cornulier, Claude abbé de Cornulier, Julie de Cornulier,
Le Febure de La Brulaire, et Eulalie de Cornulier.

Du 14 février 1716, sentence arbitrale rendue entre les précédents, sur leurs prétentions respectives au sujet de leurs partages dans les successions de messire Jean-Baptiste de Cornulier, chevalier, seigneur du Boismaqueau, président en la
chambre des comptes de Bretagne, et de dame Jeanne de Rogues, leurs père et mère communs, pour terminer leurs contestations devant le Présidial de Nantes, et pour conserver entre
eux l'amitié fraternelle. Dans laquelle sentence est mentionnée
une dépense de 1,000¹ faite par l'aîné pour ameublement et frais
de prise d'habit de demoiselle *de Cornulier*, religieuse Ursuline,
et 4000¹ pour sa dot, laquelle a été franchie des deniers de la
dame de La Brulaire le 30 décembre 1713.

Du 13 mai 1716, accord entre messire Claude *de Cornulier*,
chevalier, seigneur du Boismaqueau, président en la chambre
des comptes de Bretagne, et messire Claude de Cornulier, seigneur abbé de Cornulier, au sujet de la succession de demoiselle Eulalie de Cornulier, dame du Boisbenoît, leur sœur. Le
17 décembre 1717, l'abbé de Cornulier reconnaît avoir été saisi
de tous les titres concernant la terre du Boisbenoît, à lui abandonnée par son frère aîné.

Du 17 février 1718, acte de constitution de 111¹ 2ˢ 2ᵈ de rente,
au capital de 2000¹, au profit de dame Marguerite Martin, veuve
d'écuyer André Luzeau, sieur de La Morinière, auditeur des
comptes de Bretagne, consentie par messire Claude *de Cornulier*,
abbé dudit lieu, seigneur du Boisbenest, y demeurant ordinairement, paroisse de Vallet ; au service de laquelle rente il délègue
son fermier de la métairie de La Grezillière, dépendante de sadite terre. Signé : Claude abbé de Cornulier, M. Martin vᵉ de La
Morinière, Luzeau, Forget et Gendron, notaires royaux à Nantes.

Du 9 novembre 1719, transaction S. S. P. au sujet de la succession de demoiselle Eulalie *de Cornulier*, entre messire Claude de Cornulier, chevalier, seigneur du Boismaqueau et autres lieux, conseiller du Roi en ses conseils, président en sa chambre des comptes de Bretagne, demeurant à Nantes, paroisse Saint-Laurent; messire Claude de Cornulier, seigneur abbé de Cornulier, demeurant en sa maison du Boisbenest, paroisse de Vallet; messire Paul Le Feuvre, seigneur de La Brulaire, et dame Julie de Cornulier, son épouse, demeurant à leur maison de La Brulaire, paroisse de Gesté, en Anjou; lesdits de La Brulaire agissant tant en leurs noms que faisant pour messire Toussaint Henry de La Plesse, veuf de dame Pélagie de Cornulier. Signé: Cl. de Cornulier, Claude, abbé de Cornulier, Le Febure de La Brulaire, Julie de Cornulier.

Du 28 août 1731, procuration S. S. P. datée de Lyon, donnée par Claude, chevalier de Cornulier, à Monsieur de La Brulaire, son beau-frère, pour transiger avec Monsieur le président de Cucé en ce qui concerne la succession à eux avenue par le décès de Monsieur de La Plesse, conseiller au Parlement de Bretagne, son neveu.

Du 29 octobre 1731, procuration donnée par messire Paul Le Febure, chevalier, seigneur de la Brulaire, mari et procureur de droit de dame Julie de Cornulier, son épouse, demeurant à son château de La Brulaire, paroisse de Gesté, en Anjou, tant en son nom que comme procureur spécial de messire Claude de Cornulier, chevalier de Saint-Lazare, son beau-frère; comme héritiers de défunte demoiselle N** Henry de La Plesse, fille de messire N** Henry, chevalier, seigneur de La Plesse, qui fils était d'autre messire N** Henry de La Plesse et de dame Pélagie de Cornulier, sœur de ladite dame de La Brulaire et dudit sieur chevalier de Cornulier; à l'effet de transiger, jointement avec messire Claude de Cornulier, chevalier, seigneur du Boismaqueau, conseiller du Roi en ses conseils, président honoraire en sa chambre des comptes de Bretagne, frère aîné desdits sieur et dame de Cornulier, avec Madame la présidente de Cucé, acquéreur jointement avec le seigneur son mari, des biens dudit seigneur N** Henry et de ladite dame de Cornulier, ayeuls de ladite demoiselle Henry, à la somme de 15,000¹ pour la prétention desdits seigneurs et dame de Cornulier dans la succession de ladite feue dame de Cornulier, ayeule de ladite demoiselle Henry; et de ladite somme de 15,000¹, recevoir celle de 5,000¹ pour les parts de cadets de ladite dame de La Brulaire et du seigneur chevalier de Cornulier. Signé: Le Febure de La Brulaire, Mongin et Forget, notaires royaux à Nantes.

Extrait des registres de la paroisse de Saint-Aubin de Rennes.

Le 24 juillet 1694, fut baptisée Pélagie, fille d'écuyer messire Toussaint Henry, seigneur de La Plesse, et de dame Pélagie *de Cornulier*. Parrain, écuyer Sulpice Le Chevallier, conseiller du Roi, juge criminel de Rennes ; marraine, dame Jeanne de Rogues, compagne de messire Jean-Baptiste de Cornulier, chevalier, seigneur du Boismaqueau, conseiller du Roi en tous ses conseils et président en la chambre des comptes de Bretagne.

LA POEZE ET ROGUES.

Du 20 septembre 1477, aveu de la terre et seigneurie de La Poëze, rendu par noble écuyer François de La Poëze, seigneur dudit lieu, et de La Bretesche, à N. E. Guillaume de Bazoges, seigneur de Beauchesne, La Haye-Bottereau, etc.

Du 26 août 1520, aveu rendu par nobles gens François de Peillac et Jeanne Chaude, son épouse, sieur et dame de La Poëze, à N. H. Amaury de Bazoges, seigneur de Beauchesne.

Du 25 mai 1528, autre aveu de La Poëze rendu par N. E. Jean de Peillac.

Du 8 juillet 1557, déclaration des terres, fiefs et héritages tenus noblement par Jean de Peillac, écuyer, seigneur de La Poëze, qu'il présente à vous messeigneurs les commissaires tenant les montres du ban et arrière-ban de l'évêché de Nantes, obéissant à l'édit fait par le Roi touchant ce. Savoir: le lieu, manoir et métairie de La Poëze ô ses appartenances, de ce deux moulins, l'un à eau et l'autre à vent, le tout sis ès paroisses du Loroux-Bottereau et de Vallet, tenu prochement des seigneuries du Douet-Rouaud, de La Houdinière, des Montils-de-Bazoges, de Bas-Briacé et de Beauchesne, qui peut valoir commun an 40ᴸ de rente environ. Plus le lieu, manoir et métairie de La Ferté, avec la rente à lui due sur les moulins à vent et à eau dudit lieu, situé en ladite paroisse de Vallet, qu'il tient prochement du seigneur de Fromenteau, et peut le tout valoir commun an environ 40ᴸ de rente. A raison desquels héritages, ledit de Peillac confesse être sujet à faire service d'armes au Roi audit ban et arrière-ban, pour la défense dudit pays de Bretaigne, dedans iceluy ; ce qu'il promet faire, selon que par le passé il a de tout temps été usé et accoutumé, en l'état que par vous mesdits seigneurs, lui sera ordonné suivant ledit édit. Fait sous le seing et cachet dudit de Peillac et le seing de maître Guillaume Charrier, notaire royal à Nantes.

Du 12 juillet 1569, à nous sénéchal de la Cour et juridiction de La Houdinière, s'est présenté maître François Rogues, mari de demoiselle Jeanne Phelippon, sieur et dame de La Binotière, lequel nous a représenté qu'à ladite Phelippon, sa femme, était échu le lieu et maison noble de La Poëze, en la paroisse du Loroux-Bottereau, tant par le trépas de feue demoiselle Jeanne de Peillac que par celui de feu Etienne Florimon, son frère utérin, tous deux morts l'an dernier. Duquel lieu de La Poëze partie est tenue de la Cour de céans à foi, hommage et rachat, offrant en faire les devoirs, etc.

Du 24 octobre 1573, production faite devant le Présidial de Nantes par nobles gens François Rogues et Jeanne Phelippon, sa compagne, seigneur et dame de La Poëze, pour justifier qu'après le décès de défunte demoiselle Richarde de Peillac, en son vivant dame de La Poëze, la plupart des titres, lettres et enseignements de ladite terre avaient été pris et soustraits, et pour obtenir qu'il fût fait des copies *par transumpt* des aveux étant au chartier de Beauchesne dont La Poëze relève en partie, afin que foi y fût ajoutée comme aux originaux.

Du 23 octobre 1581, don du rachat de La Poëze fait par Louis du Bois, écuyer, seigneur de La Ferronnière, à François Rogues, pour cause du décès de Jeanne Phelippon, sa femme.

Du 20 août 1598, aveu rendu par N. G. François Pinson et demoiselle Louise de La Poëze, sa femme, sieur et dame de La Lande, de Marigné et de La Poëze, demeurant audit lieu de La Poëze, paroisse du Loroux-Bottereau. Ledit Pinson, tuteur de Jacques Rogues et de Michelle Rogues, enfants mineurs et héritiers de défunt N. H. Jacques Rogues, leur père, et de ladite de La Poëze, à présent femme dudit Pinson ; à H. et P. seigneur Gabriel de Goulaine, sire dudit lieu et du Pallet, comme seigneur de La Houdinière, signé : Pinson, Louise de La Poëze, et des notaires.

Le 12 septembre 1630, demoiselle Louise Cheminée, dame du Mario et du Jaunay, en la paroisse du Loroux-Bottereau, veuve de défunt écuyer François Pinson, sieur dudit lieu du Mario, fonde une messe par semaine dans la chapelle de La Poëze récemment construite.

Du 21 juin 1661, lottie des obligations de la succession de défunts N. G. Christophe Cosnier et Jeanne Reges, sa compagne, sieur et dame de La Pannière, qui sont à partager entre N. H. François Ragaud, sieur du Bois, conseiller du Roi, contrôleur-général de la Prévôté de Nantes, à cause de demoiselle Catherine Cosnier, sa compagne, et demoiselle Guillemette Cosnier, veuve de défunt écuyer Damien de Rogues, sieur de La Poëze ; lesdites demoiselles Cosnier, filles et héritières desdits défunts sieur et dame de La Pannière.

Du 23 août 1663, contrat de constitution de 489ˡ 13ˢ 6ᵈ de rente, au capital de 7834ˡ, consenti par écuyer Claude de Rogues, sieur du Jaunay, en la paroisse du Loroux-Bottereau, l'un des capitaines exempts des gardes du corps du Roi, et demoiselle Jeanne Arnaud, sa compagne, en faveur de demoiselle Guillemette Cosnier, veuve de défunt Damien de Rogues, écuyer, seigneur de La Poëze.

Du 29 novembre 1705, contrat de constitution consentie par Sébastien de Rogues de La Poëze, écuyer, fils de Claude de Rogues et de Jeanne Arnaud, et par Julienne Corbard, son épouse, demeurant à leur maison de La Benaste, paroisse de Riaillé, au profit d'Alexandre Guillermo, écuyer, seigneur de Condest, pour demeurer quitte, etc.

VIIe DEGRÉ.

Du 17 mars 1712, acte d'attournance d'une rente de 950^1 au profit de messire Michel-Robert Le Pelletier, chevalier, conseiller d'Etat ordinaire, intendant des finances, et de dame Marie-Madeleine de Lamoignon de Basville, son épouse, consentie par messire Claude *de Cornulier*, chevalier, conseiller du Roi en ses conseils, président en la chambre des comptes de Bretagne, démissionnaire et héritier présomptif P. et N. de messire Jean-Baptiste de Cornulier, chevalier, seigneur du Boismaqueau, et H. P. et N. de défunte dame Jeanne de Rogues, ses père et mère, tant en son privé nom que faisant pour ses frère et sœur puînés, demeurant à son hôtel, paroisse Saint-Laurent. Signé : Cl. de Cornulier, Gendron, notaire royal à Nantes.

Du 22 décembre 1712, procès-verbal du lieu de La Motte, en la paroisse de Trans, dressé à la requête de messire Claude *de Cornulier*, chevalier, seigneur du Boismaqueau, de Saint-Ouën et Saint-Père, en Mouzeil ; de La Motte, en Trans ; de Clermont et Bourmont, en Pannecé, etc., conseiller du Roi en ses conseils et président en la chambre des comptes de Bretagne. Ledit lieu de La Motte acquis par ledit président de Cornulier par contrat du 7 décembre 1711, au rapport de Huet, notaire de la baronnie d'Ancenis. Son père avait acquis la juridiction dès 1687.

Du 19 juillet 1718, acte par lequel dame Anne-Marie Douard, épouse de messire Claude *de Cornulier*, chevalier, seigneur du Boismaqueau, conseiller du Roi en ses conseils, président en la chambre des comptes de Bretagne, demeurant à Nantes, paroisse Saint-Laurent, donne quittance à écuyer Toussaint Maudet, sieur de La Fonchaye, de la somme restant due sur le prix de la maison et appartenances de La Drouettière, en la paroisse de Saint-Herblon, par elle vendue audit sieur Maudet, par contrat du 25 septembre 1715, au rapport de Briand, notaire à Ancenis, signé : Marie Douard de Cornulier, de La Fonchaye Maudet. Forget, notaire royal à Nantes.

Du 10 juin 1719, acte de vente consentie par messire Claude *de Cornulier*, chevalier, seigneur du Boismaqueau et autres lieux, conseiller du Roi en ses conseils, président en la chambre des comptes de Bretagne, et dame Marie-Anne Douard, son épouse, à N. H. Olivier de Lourme, architecte et marchand à Vannes ; de 1° le manoir noble et dépendances du Grador ; 2° le manoir et dépendances du Hesqueno ; 3° la métairie de Douhalgo ; 4° les métairies du Coteau ; le tout situé en la paroisse de Saint-Patern, évêché de Vannes ; 5° deux maisons en la ville close de Vannes ; 6° le manoir noble du Coedigo et ses dépendances, métairies de La Porte, de Kerlois et de Couetlagat, s'étendant dans les paroisses de Saint-Avé et de Saint-Patern ; 7° le manoir du Hencouet et les six métairies en dépendantes, situés en la paroisse de Plaudren et Trève de Monterblanc. Le tout vendu moyennant la somme de 83,000¹. Signé : Anne-Marie Douard de Cornulier, Cl. de Cornulier, Ollivier de Lourme, Forget, notaire royal à Nantes.

Nota. Claude de Cornulier et sa femme avaient encore d'autres biens dans l'évêché de Vannes, notamment la métairie de Kerhel, dans la paroisse de Questembert ; ils les vendirent également.

Du 28 février 1728, messire Jean-Pierre de Charbonneau, chevalier, seigneur de l'Etang et de Mouzeil, et dame Jeanne *de Cornulier*, son épouse, demeurant en leur maison seigneuriale de Mouzeil, paroisse de Mouzeil, reconnaissent avoir reçu de Monsieur et Madame de Cornulier du Boismaqueau, père et mère de ladite dame de Cornulier, la somme de 24,000¹ qui avait été par eux promise à ladite dame leur fille, en avancement de droit successif, par son contrat de mariage du 5 mars 1720, au rapport de Duhil, notaire royal à Nantes.

Du 2 juin 1733, transaction entre messire Claude *de Cornulier*, chevalier, seigneur du Boismaqueau, président honoraire en la chambre des comptes de Bretagne, et dame Marie-Anne Douard, son épouse, d'une part ; et dame Marie-Agnès Robinaut, veuve de messire Joseph-Nicolas Ferron, chevalier, seigneur du Chesne, demeurant en la ville de Dinan, d'autre part ; au sujet du douaire dû à ladite dame du Chesne par ladite dame présidente de Cornulier, héritière en l'estoc maternel du maternel de la succession dudit seigneur du Chesne Ferron, décédé le 8 avril 1723. Au rapport de Picot, notaire royal à Rennes.

Du 10 juin 1743, procuration donnée par dame Jeanne *de Cornulier*, veuve de défunt messire Jean-Pierre Charbonneau, chevalier, seigneur de l'Etang, Mouzeil, etc., à dame Anne-

Marie Douard, sa mère, veuve de feu messire Claude de Cornulier, chevalier, seigneur du Boismaqueau, président en la chambre des comptes de Bretagne; pour recevoir de dame Pélagie de Cornulier, veuve de messire François-Bernard des Vaulx, écuyer, seigneur de Loisellière, la somme de 5,000¹ qu'elle doit à la succession de sondit père; et pour la replacer entre les mains de dame Brossard, veuve de Monsieur de Cornulier, chevalier, seigneur du Vernay; pourvu que messire Toussaint de Cornulier, président à mortier, et le sieur Jean-Baptiste, chevalier de Cornulier, ses frères, l'acceptent et le trouvent pour agréable, signé: Cornulier Charbonneau, Barbé et Chasseloup, notaires de la baronnie d'Ancenis. Et, du 21 juin 1743, procuration S. S. P. donnée à Paris par messire Toussaint de Cornulier, président à mortier au Parlement de Bretagne, et par messire Jean-Baptiste-Toussaint de Cornulier, mousquetaire de la 1ʳᵉ compagnie, à la présidente de Cornulier, leur mère, aux mêmes fins que la précédente. Signé: Cornulier, Jean-Baptiste Toussaint de Cornulier.

Du 18 août 1745, acte de constitution de 300¹ de rente consentie par les religieuses Ursulines de Nantes, au nombre desquelles figure sœur Louise *de Cornulier*, au profit de demoiselles Anne-Blanche-Victoire et Bonne-Émilie Cochon de Morepas, filles mineures de feu écuyer René Cochon de Maurepas, vivant conseiller au conseil souverain du Cap-Français (île de Saint-Domingue), secrétaire du Roi, seigneur de La Haye-Mahéas, en Saint-Etienne-de-Montluc, de Cordemais et autres lieux, et de dame Rose-Reine-Marthe Desclos.

Extrait des registres de la paroisse de Mouzeil.

Le 11 juillet 1727, a été baptisé Jean-Casimir-Pierre, né de la veille, fils de messire Jean-Pierre Charbonneau, chevalier, seigneur de l'Etang, etc., et de dame Jeanne *de Cornulier*. Parrain, Philippe-Casimir Charbonneau, frère de l'enfant; marraine, Jeanne Fouchard, épouse de Jean-Baptiste de Pontual, chevalier, seigneur du Parischeux, chevalier de Saint-Louis.

Extraits des registres de la paroisse de Haute-Goulaine.

Le 20 janvier 1700, a été inhumé le corps d'un enfant non nommé, fils de messire Claude *de Cornulier*, chevalier, seigneur de La Guillebaudière, et de dame Marie Douard, son épouse.

Le 14 mars 1703, a été parrain messire Claude *de Cornulier*, chevalier, seigneur du Boismaqueau, président en la chambre des comptes de Bretagne.

Le 11 janvier 1712, ont été parrain et marraine Toussaint de Cornulier et Jeanne de Cornulier. Le 8 mars 1712, a été parrain messire Claude de Cornulier, abbé.

Extrait des registres de la paroisse de Notre-Dame de Nantes.

Le 2 avril 1764, a été inhumée Marie-Jeanne Cosnier de La Botinière, morte hier, âgée de 55 ans, épouse de messire Jean-Baptiste-Toussaint de Cornulier, chevalier de Saint-Louis, seigneur de La Sionnière.

DOUARD.

Du 1er avril 1674, contrat de mariage entre messire Jean-Baptiste Douart, chevalier, seigneur de Villeport, du Couetdigo, du Grador, de La Drouettière, du Hencouet et du Bodel, premier chambellan de feu monseigneur le duc d'Orléans, maréchal de bataille des armées de S. M., lieutenant du Roi en l'île et citadelle de Belle-Isle-en-Mer, gouverneur de Malestroit, fils de défunt messire Louis Douart, seigneur de La Drouettière, et de dame Nicolle Cillart, dame douairière de La Drouettière et de Couettrec; ledit futur à présent veuf de défunte dame Gabrielle Botherel de Quintin, demeurant ordinairement à son manoir du Grador, paroisse de Saint-Patern, évêché de Vannes, d'une part; et dame Marie Gouyon, dame du Gué, veuve de défunt H. et P. seigneur messire Germain-François Foucher, chevalier, seigneur baron du Gué, en la paroisse de Sainte-Flaive en Poitou, fille et unique héritière de défunt messire Michel Gouyon, seigneur du Plessix et de La Guillebaudière, capitaine et lieutenant-colonel du régiment d'infanterie de feu son Eminence Monseigneur le cardinal de Richelieu, et de noble dame Jeanne de Complude, son épouse, à présent sa veuve, demeurant ensemble à leur maison noble de La Guillebaudière, paroisse de Haute-Goulaine. Passé en la maison conventuelle des Couëts, paroisse de Saint-Pierre-de-Bouguenais, et signé : Jean-Baptiste Douart, Marie Gouyon, Jeanne de Complude; Marie de Complude, prieure : Jeanne Gouyon, Sébastien de Bruc, Fournier, Bouvier et Lebreton, notaires royaux à Nantes.

Marie Gouyon avait épousé son premier mari par contrat du 14 janvier 1669, au rapport de Drouet, notaire du marquisat de Goulaine; il était fils de défunt H. et P. seigneur messire Caliste Foucher, seigneur baron du Gué, et de noble dame Marie Dorin, son épouse.

Du 27 juin 1689, désignation de partage à messire Louis-François Ferron, seigneur du Chesne, garde naturel des enfants de son mariage avec dame Marie-Nicolle Fanigot, sa femme; tant dans la succession d'écuyer Louis Douard, seigneur de La Drouettière, conseiller au Présidial de Vannes, premier mari de Nicolle Cillart, dame de Couettrec, père et mère de défunts Jean-Baptiste Douard, seigneur de Villeport, et de Françoise

Douard, femme de Charles Fanigot, écuyer, seigneur du Clos, père et mère de ladite Marie-Nicolle Fanigot, qu'en la succession de ladite Nicolle Cillart, desquels ledit Jean-Baptiste Douard était héritier principal et noble. Nicolle Cillart avait épousé en secondes noces le sieur de Kerboutier.

Du 28 septembre 1717, transaction entre dame Anne-Marie Douard, épouse de messire Claude *de Cornulier*, chevalier, seigneur du Boismaqueau et autres lieux, conseiller du Roi en ses conseils, président en la chambre des comptes de Bretagne, autorisée de justice à la suite de ses droits, héritière bénéficiaire de défunt messire Jean-Baptiste Douard, chevalier, seigneur de Villeport, son père, et simple de Nicolle Cillart, dame de Couetec, son ayeule, d'une part; et demoiselle Charlotte de Villiers, dame de Saint-Armel, d'autre part. Au sujet de la maison, terre et seigneurie du Grador, en Saint Patern, près Vannes, dont ladite dame présidente est de son chef propriétaire, et qui était originairement une dépendance de la succession de défunt Guillaume Renaud, seigneur du Grador, en laquelle succession la demoiselle de Saint-Armel était fondée pour quelque portion comme issue d'un enfant du mariage d'une fille dudit feu sieur du Grador Renault, de sorte que N. H. Olivier de Villiers, tuteur de noble Christophe de Villiers et Guillemette Legoff, ses ayeuls, obtinrent une sentence, le 26 février 1646, contre le feu sieur de Kerboutier et dame Nicolle Cillart, sieur et dame de Couetec. Au rapport de Jorno, notaire royal à Vannes.

VIIIe DEGRÉ.

Par son contrat de mariage, en date du 22 juin 1735, au rapport de Mongin, notaire royal à Nantes, Toussaint *de Cornulier*, chevalier, seigneur du Boismaqueau, conseiller du Roi en ses conseils et président en la chambre des comptes de Bretagne, reçut en dot de ses père et mère, la charge de président en la chambre des comptes, estimée 80,000¹, plus une somme de 8,000¹ pour obtenir les provisions de la charge de président aux enquêtes du Parlement de Bretagne. Et en outre, le château, terre et seigneurie du Boismaqueau, estimés 60,000¹; mais il devait, sur cela, faire à ses père et mère une rente annuelle et viagère de 3,500¹. Sa femme, Angélique-Marie-Sainte de Cornulier, reçut 2,400¹ en espèces et 7,000¹ de rente pendant la vie seulement de l'un ou de l'autre de ses père et mère.

Du 1er mars 1742, aveu rendu à la baronnie d'Ancenis, au nom de messire Toussaint *de Cornulier*, chevalier, seigneur du Boismaqueau et autres lieux, président à mortier au Parlement de Bretagne pour sa terre et seigneurie du Boismaqueau, au rapport de Briand et Joubert, notaires royaux à Nantes, reçu judiciairement le 8 mars dit an.

Du 10 juin 1765, aveu rendu à H. et P. seigneur messire Toussaint *de Cornulier*, chevalier, seigneur du Boismaqueau, marquis de Châteaufremont, comte de Largouet et de Vair, baron de Montrelais, de Lanvaux et de Quintin-en-Vannes, conseiller du Roi en ses conseils et président à mortier au Parlement de Bretagne, pour cause de son fief de Quintin-en-Vannes, au rapport de Pocard et Coué, notaires du comté de Largouet et de la baronnie de Quintin-en-Vannes.

Du 12 mai 1770, Nous, Toussaint *de Cornulier*, chevalier, seigneur comte de Largouet, président au Parlement de Bretagne, mari et procureur de droit de dame Marie-Angélique-Sainte de Cornulier, savoir faisons que sur le bon rapport qui nous a été fait de la personne de maître Joseph-François Regnier, avocat au Parlement, de sa capacité, etc., l'avons créé et institué dans les états et offices de Sénéchal et seul juge de notre comté de Largouet, sous le ressort du Présidial de Vannes, et de lieutenant de la même juridiction, sous le ressort d'Auray, et de Sénéchal de nos juridictions de Lanvaux en Grandchamp et de Quintin-en-Vannes; même des offices de juge Gruyer en dépendant, etc. Signé : Cornulier.

En 1766, Françoise Bouteiller, dame de La Berrière, en la Chapelle-Basse-Mer, veuve d'écuyer François Berthrand, sieur de Cœuvres, secrétaire du Roi, possédait la Châtellenie de La Touche, en Nozay, comme l'ayant acquise de la dame de Carcado, Toussaint *de Cornulier*, et sa femme exercèrent le retrait lignager de cette terre et le marquis de Cornulier, leur fils, conseiller au Parlement de Bretagne, y faisait avec sa femme, sa résidence ordinaire depuis trois ans lorsque, en octobre 1770, il fallut faire assigner le chapelain de la Chapellenie de Saint-Michel pour l'obliger à s'acquitter du devoir de venir dire la messe dans la chapelle du château de La Touche. Ce chapelain récalcitrant étant mort, la présidente douairière de Cornulier en présenta un autre par une nomination datée des Ursulines d'Ancenis, le 13 décembre 1783, signée : *de Cornulier de Cornulier*, et dans laquelle elle s'intitule : veuve donataire de H. et P. seigneur messire Toussaint de Cornulier, vivant président honoraire à mortier au Parlement de Bretagne, comtesse de Largouet, marquise de Châteaufremont, baronne de Montrelais, dame de la châtellenie de La Touche, etc.

Le bénéfice de Saint-Michel se composait de quelques terres en Puceul et de dîmes en cette paroisse et dans celles de Nozay et de Joué; le tout valant alors 450ˡ de revenu.

6

Extraits des registres de la paroisse d'Anetz.

Le 19 juillet 1735, vu la bulle de dispenses du 3e au 4e degré de consanguinité accordée par N. S. P. le Pape Clément XII, aux ides de mai 1735, vu les publications de bans faites dans les paroisses de Saint-Laurent de Nantes, de Saint-Jean de Rennes et d'Anetz, etc., ont été épousés dans la chapelle du château de Vair H. et P. seigneur messire Toussaint *de Cornulier*, chevalier, seigneur du Boismaqueau, conseiller du Roi en ses conseils, président en la Chambre des Comptes de Bretagne, fils de H. et P. seigneur messire Claude de Cornulier, chevalier, président honoraire en ladite Chambre, et de H. et P. dame Marie Douard de Villeport, de la paroisse de Saint-Laurent de Nantes; et demoiselle Marie-Angélique-Sainte de Cornulier, fille de H. et P. seigneur messire Charles-René de Cornulier, chevalier, marquis de Châteaufremont, comte de Largouet, baron de Montrelais, etc., conseiller du Roi en ses conseils et président à mortier au Parlement de Bretagne, et de H. et P. dame Marie-Anne de La Tronchaye, qui ont signé avec lesdits seigneur et dame époux, fors ledit seigneur Claude de Cornulier, qui a signé leur contrat de mariage passé à Nantes devant Mongin, notaire royal, le 23 juin dernier, qui n'a pu se transporter audit château de Vair pour assister audit mariage. Signé : Angélique de Cornulier de Cornulier, Toussaint de Cornulier, Marie-Anne de La Tronchaye de Cornulier, Marie Douard de Cornulier, Cornulier, François de Montmorency, Marie-Anne de Montmorency Carcado, Elisabeth de Cornulier, Renée de Cornulier, O. de Chevigné de La Brulaire, Marguerite de Derval, Marie-Anne-Laurence Petiot de La Boissière, Céleste Gramusse d'Autichamp, Forbin d'Oppède, etc.

Le 22 avril 1737, a été baptisée dans la chapelle du château de Vair, Marie-Angélique-Renée, née de ce jour audit château, fille de H. et P. seigneur messire Toussaint *de Cornulier*, chevalier seigneur du Boismaqueau, La Sionnière, etc., conseiller du Roi en ses conseils, président au Parlement de Bretagne, et de H. et P. dame Marie-Angélique-Sainte de Cornulier, son épouse. Parrain, H. et P. seigneur messire Charles-René de Cornulier, chevalier, marquis de Châteaufremont, comte de Largouet, baron de Montrelais, etc., conseiller du Roi en ses conseils et président à mortier au Parlement de Bretagne, ayeul de l'enfant; marraine, H. et P. dame Marie-Anne Douard de Villeport, son ayeule, épouse de H. et P. seigneur messire Claude de Cornulier, chevalier, président en la Chambre des Comptes. Signé : Anne-Marie Douard de Cornulier, C. R. de Cornulier, Marie-Anne de La Tronchaye de Cornulier, Ozite de Chevigné de La Brulaire, Marie baronne de Cicé, Marie-Anne de Cicé, François Champion de Cicé, Toussaint de Cornulier, etc.

Le 30 octobre 1738, baptême d'une cloche de l'église d'Anetz, laquelle a été nommée Angélique par H. et P. messire Toussaint *de Cornulier*, chevalier, seigneur de cette paroisse, marquis de Châteaufremont, baron de Montrelais, seigneur du Boismaqueau, La Sionnière, etc., conseiller du Roi en ses conseils, président à mortier au Parlement de Bretagne, et par H. et P. dame Marie-Angélique-Sainte de Cornulier, son épouse.

Le 28 février 1740, a été baptisé dans la chapelle du château de Vair Toussaint-Charles-François, né de ce jour, fils de H. et P. seigneur messire Toussaint *de Cornulier*, seigneur de cette paroisse, marquis de Châteaufremont, baron de Montrelais, seigneur du Boismaqueau, etc., et de H. et P. dame Marie-Angélique-Sainte de Cornulier, son épouse.

Le 25 août 1741, a été baptisée Pauline Pélagie *de Cornulier*, née d'hier, du légitime mariage de H. et P. seigneur messire Toussaint de Cornulier, et de dame Angélique-Marie-Sainte de Cornulier. Parrain, H. et P. seigneur messire Paul Lefebvre de La Brulaire, conseiller au Parlement de Bretagne ; marraine, dame Jeanne de Cornulier, veuve de feu H. et P. seigneur messire Jean-Pierre Charbonneau, seigneur de Mouzeil. Le parrain oncle à la mode de Bretagne de la baptisée ; la marraine sa tante.

Le 11 octobre 1816, a été inhumé au cimetière de cette paroisse le corps de dame Pauline-Pélagie *de Cornulier*, religieuse de l'ordre de la Visitation au couvent du Colombier à Rennes, née au château de Vair, fille de feu messire Toussaint, marquis de Cornulier, président au Parlement de Bretagne, et de dame Marie-Angélique-Sainte de Cornulier, décédée d'hier au château de Vair.

BARONNIE DE QUINTIN-EN-VANNES.

Le P. du Paz nous apprend dans ses *généalogies de Bretagne*, p. 821, que Quintin-en-Vannes appartenait en 1429 au sire de La Chapelle. Cette seigneurie avait dû être apportée dans la maison de La Chapelle par Béatrix de Penhouët, qui épousa vers 1412 Yvon, baron de La Chapelle, gouverneur de Monseigneur Pierre de Bretagne ; laquelle Béatrix était fille unique de Jean, sire de Penhouët, amiral de Bretagne, et de Jeanne du Perrier, sa première femme, fille de Geoffroy du Perrier, maréchal de Bretagne, et de Plesou de Quintin. Quintin-sous-Vannes paraît ainsi avoir été un membre détaché de l'ancien comté de Quintin dans l'évêché de Saint-Brieuc.

Jeanne de La Chapelle, héritière de sa maison, épousa en premières noces, en 1505, Jean de Rosmadec, auquel elle apporta tous les biens de la branche aînée des La Chapelle ; parmi lesquels se trouvait Quintin-en-Vannes. Elle avait épousé en secondes noces Raoul du Juch, dont elle ne laissa que quatre filles ; et c'est à raison de ce second mariage que l'on trouve un aveu du 27 juillet 1533 rendu par Charlotte de La Haye, veuve de Jean Thomelin, à N. H. Raoul du Juch et Jeanne de La Chapelle, sa femme, seigneur et dame de Trebrimoël, Molac, La Chapelle et Quintin, pour cause de ladite seigneurie de Quintin.

Le 15 septembre 1683, Sébastien de Rosmadec rendit aveu de ses fiefs, seigneurie et juridiction de Quintin sous le domaine de Vannes devant les commissaires de la réformation. Ce Sébastien, marquis de Rosmadec, comte de La Chapelle, baron de Molac et de Quintin, laissa pour héritière Marie-Anne de Rosmadec Molac mariée à René le Sénéchal, comte de Carcado, brigadier des armées du Roi, tué à la bataille de Seneff en 1674.

Par lettres patentes du 7 juin 1717, le comte de Carcado-Molac obtint la permission d'aliéner une partie des dépendances de son marquisat de Rosmadec et des annexes de sa baronnie de Molac, au nombre desquelles était le fief de Quintin-en-Vannes. En conséquence, et par contrat du 13 août 1763, Corentin-Joseph le Sénéchal de Molac vendit à Toussaint de Cornulier le fief, seigneurie et baronnie de Quintin-en-Vannes ; et les bannies et appropriations en furent faites au Présidial de Vannes les 19 octobre 1763 et 12 janvier 1767.

Xe DEGRÉ.

Extrait des registres de la paroisse de Saint-Jean de Rennes.

Le 6 juin 1771, a été baptisé Toussaint-François-Joseph, né de ce jour, fils de H. et P. seigneur Toussaint-Charles-François, chevalier, marquis *de Cornulier*, conseiller au Parlement de Bretagne, et de H. et P. dame Pauline-Marie-Félix Hay des Nétumières, son épouse. Le baptême fait par messire Pierre-Jean Hay de Bonteville, docteur en théologie de la faculté de Paris, chanoine et vicaire général de Rennes.

XIIe DEGRÉ.

Thoré, seigneur de Charonne, porte : *d'azur au chevron accompagné en chef de deux abeilles et en pointe d'une gerbe ; le tout d'or.*

BRANCHE DE LA CARATERIE.

Ve DEGRÉ.

Du 22 janvier 1650. Après le décès de défunts messire Claude *Cornulier*, seigneur de La Touche, conseiller du Roi, trésorier de France et général de ses finances en Bretagne, et de dame Judith Fleuriot, son épouse, Charles *Cornulier*, écuyer, seigneur des Croix, leur fils puîné, aurait fait appeler devant les juges des Régaires de Nantes messire Pierre *Cornulier*, chevalier, seigneur de La Touche, conseiller du Roi en ses conseils d'Etat et privé, président en son Parlement de Bretagne, son frère aîné, H. P. et N. desdits défunts seigneur et dame de La Touche, leurs père et mère, pour être le partage de leurs dites successions jugé en noble comme en noble et en partable comme en partable ; sur laquelle demande, ledit partage aurait été ainsi jugé par sentence desdits Régaires du 23 décembre 1645 et ordonné qu'inventaire serait fait des biens, meubles et papiers de ladite succession. En exécution de laquelle sentence, ledit seigneur président aurait fait procéder audit inventaire, tant en la maison de la ville de Nantes, où seraient décédés lesdits seigneur et dame de La Touche, qu'en leurs maisons et terres de la campagne. Et même ledit seigneur président aurait fourni, dès l'année 1648, audit seigneur des Croix l'état des biens desdites successions et tous les titres et papiers à l'appui. En conséquence, ledit seigneur des Croix aurait demandé en jugement que son partage lui fût délivré par ledit seigneur président selon que lesdits défunts seigneur et dame de La Touche, ses père et mère, le lui avaient assigné par acte du 30 juillet 1644. Et d'autant aussi que, depuis le décès desdits seigneur et dame de La Touche, celui de messire Jean Fleuriot, seigneur du Roudourou, cousin-germain dudit seigneur des Croix, serait advenu le 6 avril 1646, la succession duquel aurait été recueillie par ledit seigneur président, comme H. P. et N. et qu'en icelle succession ledit seigneur des Croix était fondé avoir part aux meubles et acquets et immeubles roturiers, comme puîné en succession noble, à laquelle fin il aurait fait appeler dès le 16 septembre 1646 ledit seigneur président en la juridiction du Périer (ou le Poirier, paroisse de Plouezoch), sous le proche fief de laquelle ledit seigneur du Roudourou serait décédé ; et, après quelques appointements en ladite juridiction, ledit seigneur président aurait, en vertu d'une commission des requêtes du Palais de Paris, du 28 février 1648, fait assigner ledit seigneur des Croix auxdites requêtes du Palais pour voir dire que l'instance en partage par lui intentée en ladite juridiction du Perrier serait évoquée et jugée jointement avec une et pareille instance déjà pendante aux requêtes du Palais sur la demande intentée dès le 8 mai 1646 par dame Louise *Cornulier*, femme autorisée par justice, sur le refus de messire Nicolas Foucault, conseiller du Roi en son grand conseil, suivant le renvoi qu'en aurait fait le privé conseil du Roi, en première instance et par appel au Parlement de Grenoble. A laquelle assignation les parties ayant comparu, fourni des défenses et repliques, serait intervenu sentence, le 15 octobre 1649, qui juge le partage de ladite succession en noble comme en noble et en partable comme en partable, et ordonné que la part et portion sera délivrée audit seigneur des Croix comme à puîné en succession noble, et pour ce faire renvoie les parties devant les juges royaux prochains des lieux. En exécution de laquelle sentence, ledit seigneur président aurait communiqué audit seigneur des Croix tous les titres et enseignements de ladite succession. A ces causes, ledit seigneur président désigne à sondit frère puîné le partage déjà rapporté t. 1er, p. 152, signé : Cornulier, Charles Cornulier, Coudret et Charier, notaires royaux à Nantes.

Du 3 avril 1663, acte de constitution de 209ᴵ 10ˢ de rente, au capital de 3,352ᴵ, restant de compte entre eux, consentie par messire Charles *Cornulier*, chevalier, seigneur des Gravelles, et par dame Louise de La Jou, son épouse, demeurant à leur maison noble de la Caraterie, paroisse de Saint-Etienne-de-Mer-Morte, au profit d'Anne Turpin, veuve de défunt honorable homme François Fremon, marchand de drap de soie, signé : Charles Cornulier, Louise de La Jou, etc.

Du 1er octobre 1663, procuration passée à Nantes, *au logis du sieur des Gravelles*, rue du Château, et donnée par T. H. et T. P. monseigneur Charles de La Porte, duc de la Meilleraie, pair, maréchal et grand-maître de l'artillerie de France, chevalier des ordres du Roi, lieutenant-général en Bretagne, gouverneur de Nantes et du Port-Louis, propriétaire des devoirs d'impôts et billots des évêchés de Vannes et Cornouailles, à N. H. Thomas Dondel, sieur de Brangolo, demeurant à Hennebont, pour faire la régie et recette desdits devoirs, signé : La Meilleraie. Belon, notaire royal à Nantes.

Du 23 mai 1670, acte de vente d'une maison située en la rue Haute-du-Château, paroisse de Sainte-Radégonde, à Nantes, joignant une autre grande maison vendue le même jour, par les mêmes, aux religieuses Carmélites, consentie par messire Charles *Cornulier*, chevalier, seigneur des Gravelles, et dame Louise de La Jou, sa compagne, signé : Charles Cornulier des Gravelles, Louise de La Jou, etc.

Du 20 novembre 1684, ferme de revenu du temporel de la Chapellenie ou Légat de la Savarière, desservie en l'église paroissiale d'Aigrefeuille, consentie au recteur dudit lieu, à charge du service et de 90¹ de rente, par dame Louise de La Jou, veuve de défunt messire Charles *Cornulier*, seigneur des Gravelles, faisant le fait valable pour noble et discret Jean-Baptiste *de Cornulier*, son fils, chapelain de ladite Chapellenie, demeurant ladite dame à sa maison noble de la Caraterie, signé : Louise de La Jou des Gravelles ; R. Noury, recteur ; Petit et Lebreton, notaires royaux à Nantes.

Extraits des registres de la paroisse de la Trinité de Machecoul.

Le 8 janvier 1673 et le 17 octobre 1676, a été parrain messire Charles *de Cornulier*, chevalier, seigneur de Gravelles.

Le 3 mars 1683, est marraine dame Louise de La Jou, dame des Gravelles.

Le 27 novembre 1693, a été inhumé, dans le cimetière de Machecoul, le corps de dame Louise de La Jou, vivante dame des Gravelles, épouse de feu écuyer Charles de *Cornulier*, seigneur dudit lieu des Gravelles, décédé le jour précédent munie de tous les sacrements.

DE LA JOU ET NEPVOUET.

En 1558, Gilles de La Jou était chanoine de la collégiale de N.-D. de Nantes.

Du 9 février 1640, compromis par lequel Julien Le Borgne, écuyer, seigneur du Bec, y demeurant, paroisse de Rouans, et Jean de La Jou, écuyer, seigneur de la Caraterie, déclarent s'en remettre à l'avis de messire Claude Boju, écuyer, seigneur de l'Arsangle, pour terminer le procès qu'ils avaient à l'encontre de demoiselle Renée Danizy, tant en la juridiction de Machecoul qu'au Parlement de Bretagne, au sujet de la caution que feu François de La Jou, écuyer, seigneur de La Blanchardière, père dudit seigneur de la Caraterie, avait donnée à feu Samson Le Borgne, écuyer, père dudit seigneur du Bec, par acte du 23 mars 1619, à l'occasion d'un emprunt contracté par lui, à Antoine Pineau, écuyer, sieur de La Rivière-Neuve, mari de ladite Danisy, signé : Julien Le Borgne, Jean de La Jou, Breton, notaire royal à Nantes.

Du 21 février 1667, contrat de mariage entre écuyer Georges-René Baudouin, seigneur de La Ville-en-Bouaye, fils de défunt écuyer Guillaume Baudouin, sieur de Colvenen, et de dame Toussainte Simon, sa compagne, à présent épouse de messire Louis Charette, seigneur du Boisbriand; et demoiselle Élisabeth *Nepvouet*, fille mineure de défunts Julien Nepvouet, seigneur de la Breille, sénéchal de Machecoul, et de demoiselle Françoise Bourdin, sa compagne; assistée d'écuyer Jean Bourdin, sieur du Fief, auditeur des Comptes de Bretagne, son curateur.

Elisabeth Nepvouet était morte en 1671; et en 1703, Marie Ernaud était veuve d'Honoré Nepvouet, sénéchal de Machecoul.

VIe DEGRÉ.

Du 10 janvier 1678, acte par lequel demoiselle Julienne Hallouin, fille et l'un des héritiers de défunt écuyer Pierre Hallouin, sieur de La Morhonnière, conseiller et échevin de la ville de Nantes, reçoit le franchissement d'une rente constituée à son père par écuyer René d'Yrodouez, sieur de La Quétraie; laquelle lui était échue en partage. Et du 31 janvier 1678, acte de ratification dudit remboursement par écuyer Jean Hallouin, sieur de La Morhonnière, sénéchal de Clisson, frère de ladite Julienne Hallouin.

Du 3 juillet 1685, acte de constitution de rente au profit de messire Charles Yoland *de Cornulier*, chevalier, seigneur de la Caraterie, et de dame Julienne Hallouin, sa compagne, demeurant à leur maison de la Caraterie, paroisse de Saint-Etienne-de-Mer-Morte. Signé: de Cornulier Caraterie, Julienne Hallouin, Bourdays, notaire royal à Nantes.

Du 28 juin 1705, acte de présentation par messire Honoré Nepvouet, maître des comptes, H. P. de feu Honoré Nepvouet, son père, à cause de la maison noble du Branday, des Chapellenies de Sainte-Barbe et de Saint-Jean, en l'église de la Trinité de Machecoul, et de la Madeleine, en l'église de Saint-Philbert-de-Grand'lieu; lequel présente pour chapelain des dites Chapellenies messire Jean *Cornulier* de la Caraterie, clerc tonsuré de ce diocèse.

Du 30 juin 1705, prise de possession de la Chapellenie de Saint-Jean et du Légat de Sainte-Barbe, en l'église de la Trinité de Machecoul, par ledit abbé de Cornulier. Signé: Joseph Mehat, doyen de Retz; Jean-Baptiste Cornulier Caraterie, abbé; de Cornulier Caraterie, Nicolas Taillé, notaire royal apostolique;

et du 25 août 1705, prise de possession de la Chapellenie de la Madeleine, dans l'église de Saint-Philbert-de-Grand'lieu, par le même ; signé: Jean-Baptiste de Cornulier Caraterie.

Du 19 octobre 1706, prise de possession de la Chapellenie des Garreaux, desservie en la chapelle de Saint-Nicolas de la paroisse de Sainte-Croix de Machecoul, par écuyer Jean-Baptiste *de Cornulier*, clerc tonsuré de ce diocèse, en présence de messire Charles-Yoland de Cornulier, seigneur de la Caraterie, son frère. Signé : J.-B. Cornulier Caraterie, chapelain de la Chapellenie des Garreaux ; de Cornulier Caraterie, etc.

Du 12 février 1707, acte de présentation d'écuyer Jean-Baptiste *de Cornulier* Caraterie, clerc tonsuré du diocèse de Nantes, pour chapelain de la Chapellenie ou Légat de N.-D. de la Fumoire, desservie en l'église paroissiale de La Chapelle-Basse-Mer, au rapport de Crespin, notaire royal apostolique.

Du 15 septembre 1711, prise de possession de la Chapellenie des Gravoiles, en l'église de la paroisse de Saint-Léobin de Coustais, par N. H. Jean-Baptiste *de Cornulier*, clerc tonsuré du diocèse de Nantes. Et du 28 du même mois, procès-verbal de l'état des maisons, terres et dependances de ladite Chapellenie, dressé à la requête du nouveau chapelain ; signé : l'abbé de Cornulier.

Le 15 mai 1720, Jean-Baptiste *de Cornulier* de La Caraterie est présenté à la cure de Nort par le chapitre en commun. (Extrait des registres des délibérations du chapitre de la cathédrale de Nantes).

Du 28 février 1709, contrat de mariage entre écuyer Simon de Rhuis, capitaine de grenadiers au régiment de Laval, d'une part; et demoiselle Bonne-Yolande *de Cornulier*, fille de feu messire Charles-Yoland de Cornulier, seigneur de La Caraterie, et de dame Julienne Hallouin, ses père et mère, d'autre part. Le mariage de ladite demoiselle autorisé par décret de la juridiction de Touvois du 26 de ce mois. Signé : Ruys, Bonne-Yolande de Cornulier Caraterie, Charlemagne de Cornulier, A. Poullain de la Vincendière, Dantigny, Forget, notaire royal à Nantes.

Du 22 juin 1713, acte d'attournance de rente consentie par Alexandre-Salomon Hallouin, écuyer, sieur de La Morhonnière ; Pierre Hallouin, écuyer, sieur de La Houssinière, majeurs, et par Théodore Hallouin, écuyer, sieur de La Paviolière, émancipé de justice, enfants et héritiers bénéficiaires de défunt écuyer Pierre Hallouin, sieur de La Paviolière, leur père, demeurant à leur maison de La Morhonnière, paroisse de Saint-Similien.

Le 25 février 1729, furent présents messire Charlemagne *de Cornulier*, chevalier, seigneur de La Caraterie, demeurant à sa terre de La Caraterie, paroisse de Saint-Étienne-de-Mer-Morte, d'une part; et messire Claude *de Cornulier*; dame Bonne-Yolande *de Cornulier*, dame de Ruis, demeurant séparément à leurs terres en la paroisse de Paulx, les tous majeurs de plus de trente ans, qui ont dit qu'au décès de messire Charles *de Cornulier*, chevalier, seigneur de La Caraterie, et de dame Julienne Hallouin, son épouse, leurs père et mère communs, leur succession échût à messire Charles-Yoland *de Cornulier*, vivant, chevalier, seigneur de La Caraterie, fils aîné, H. P. et N. desdits feux seigneur et dame de Cornulier; à Messire Jean-Baptiste *de Cornulier*, vivant recteur de Saint-Étienne-de-Montluc ; à messire Pierre *de Cornulier* ; à dame Louise *de Cornulier*, religieuse professe au couvent des Ursulines de Nantes ; ainsi qu'auxdits Charlemagne, Claude et dame Bonne-Yolande de Cornulier, dame de Ruis ; savoir, audit Charles-Yoland de Cornulier, fils aîné, H. P. et N. pour les deux tiers en toutes les terres nobles, contrats, meubles et effets d'icelles successions des père et mère communs ; l'autre tiers échut à tous les cadets sus-nommés ; les terres roturières partables entre tous les enfants sus-nommés, suivant la coutume.

Dame Louise de Cornulier, religieuse, ayant fait profession du vivant desdits seigneur et dame de Cornulier, père et mère communs, sa portion dans tous les biens a accru audit seigneur Charles-Yoland de Cornulier, fils aîné, lors principal et noble; elle devait être par lui prélevée sur lesdits biens. Ledit sieur Pierre de Cornulier étant ensuite décédé, et ledit sieur Jean-Baptiste de Cornulier quelques années après lui, leurs portions dans les biens nobles d'ancien tronc et tige commun accrurent audit seigneur Charles-Yoland de Cornulier, lesquelles, par son décès, sont échues audit messire Charlemagne de Cornulier, chevalier, seigneur de La Caraterie, à present aîné, H. P. et N. ainsi que les deux tiers des biens et effets nobles auxquels il avait succédé comme H. P. et N. des successions des père et mère communs.

Le partage entre ledit Charlemagne de Cornulier et lesdits Claude et Bonne-Yolande de Cornulier ne pouvant absolument s'accomplir en divisant les héritages desdites successions, qui consistent en la seule terre de La Caraterie, indivisible sans perte, dont les parties ont une parfaite connaissance et de sa juste valeur, ayant été mise ci-devant en bail judiciaire pendant un temps, et ayant demeuré chez leur dit frère aîné pendant plusieurs années qu'il l'exploitait par mains. Bien informés d'ailleurs que les dettes mobilières surpassent de beaucoup la valeur de tous les meubles, et que leur entretien chez leur dit feu frère aîné, Charles-Yoland de Cornulier, excédait ce qu'il pouvait leur devoir pour leur portion de jouissance, lesdits cadets se contentent pour toute part d'une somme de 18,000¹ que leur aîné paiera par moitié à chacun d'eux ; et, pour leur tenir lieu d'intérêts, en attendant le parfait paiement, ils jouiront des terrages qui se perçoivent dans les paroisses de Paulx, de La Garnache, de Bois-de-Céné et de La Trinité de Machecoul, affermés ci-devant 850¹. Et s'oblige, ledit messire Claude de Cornulier, à faire ratifier le présent acte de partage sous deux mois par dame Anne Le Meignen, son épouse. Signé : Charlemagne de Cornulier, Claude de Cornulier, Bonne-Yolande de Cornulier de Ruis, Desboys et Coiquaud, notaires royaux à Nantes.

Extrait des registres du Parlement de Bretagne.

Vu par la cour la requête de messire Charlemagne *de Cornulier*, chevalier, seigneur de la Caraterie, tendant, pour les causes y contenues, à ce qu'il plût à la cour voir y attaché l'extrait de baptême et celui de mariage du nommé Jean-François, des 15 mars 1752 et 22 juin 1778, y ayant égard et à l'exposé, lui faire défense de prendre le nom *de Cornulier*.

La Cour, faisant droit sur ladite requête et conclusions du procureur général du Roi, fait défense audit Jean-François de prendre le nom *de Cornulier* et de l'ajouter à ses noms de baptême sous les peines qui y échoient ; a permis au suppliant de faire inscrire le présent arrêt sur le registre de la paroisse de Saint-Etienne-de-Mer-Morte, en marge des extraits de baptême et de mariage dudit Jean-François ; lui a permis également de faire rayer le nom de *Cornulier* dans tous les actes, même dans les minutes, et généralement dans tous les titres et autres pièces où ledit Jean-François aurait pris ce nom ; de faire rayer, dans l'extrait de baptême, après les mots de fils naturel, ceux de *messire François de Cornulier* ; desquelles radiations il sera dressé procès-verbal par les juges des lieux. Fait en Parlement, à Rennes, le 7 juillet 1778, signé : L. C. Piquet.

Extrait des registres de la paroisse de Saint-Denis de Nantes.

Le 30 décembre 1707, a été inhumé dans cette église le corps de dame Julienne Hallouin, veuve d'écuyer messire Charles-Yoland *Cornulier*, en son vivant seigneur de La Caraterie, décédée le jour précédent. En présence de Charles-Yoland de Cornulier Caraterie, de P. de Cornulier, de Bonne-Yolande de Cornulier Caraterie, etc.

Extraits des registres de la paroisse de la Trinité de Machecoul.

En 1685, M. de Cornulier, beau-frère d'écuyer Pierre Hallouin, seigneur de la Paviollière, assiste à son mariage avec demoiselle Françoise-Marguerite Flustre.

Le 22 février 1694, a été baptisé Charlemagne, fils de messire Charles-Yoland *de Cornulier*, chevalier, seigneur de la Caraterie, et de dame Julienne Hallouin, sa compagne ; l'enfant né d'hier a eu pour parrain messire Daniel Robineau, chevalier, seigneur du Plessis-Renolier , et pour marraine demoiselle Bonne-Yolande de Cornulier, sa sœur.

Le 12 août 1695, a été parrain écuyer Charles-Yoland de Cornulier, fils de messire Yoland de Cornulier, seigneur de la Caraterie, et de demoiselle Julienne Hallouin, son épouse.

Le 3 juin 1697, a été parrain écuyer Jean de Cornulier de La Caraterie.

Nota. Il existe de grandes lacunes dans ces registres de 1709 à 1724.

Extrait des registres de la paroisse de Haute-Goulaine.

Le 17 février 1700, ont été parrain et marraine messire Charles-Yoland de Cornulier, seigneur de La Caraterie, et demoiselle Bonne-Yolande de Cornulier.

VII° DEGRÉ.

Du 21 juin 1729, acte de constitution de 250[l] de rente au capital de 5,000[l], consentie par Charlemagne *de Cornulier*, chevalier, seigneur de La Caraterie, et dame Françoise Le Tourneulx, son épouse, demeurant à leur château de la Caraterie, paroisse de Saint-Étienne-de-Mer-Morte, au profit de demoiselle Touzé de Boloré, pour se libérer d'une pareille somme de 5000[l] que ledit seigneur de La Caraterie et dame Marie-Thérèse Giraud, alors son épouse, avaient prise à constitution de rente d'écuyer Jean Touzé, sieur de Boloré, auditeur des Comptes de Bretagne, par un acte S S. P. du 17 août 1720 ; laquelle somme devait être employée au paiement d'une partie d'un contrat de constitution dû à M. de La Bouvrais ; mais mention de sa provenance ne fut pas faite par les sieur et dame de La Caraterie, et le décès de ladite dame Giraud étant arrivé, ledit sieur de Cornulier et dame Jeanne Hallouin, veuve de écuyer François Giraud, sieur de La Jaillière, mère de ladite feue dame Giraud et son héritière, *Ordine Verso*, avaient été poursuivis au Présidial de Nantes par les héritiers Touzé, qui y avaient obtenu sentence le 15 juin 1723, etc. Signé : Cornulier Caraterie, Cornulier Caraterie. Le Tourneulx, Forget, notaire royal à Nantes.

Du 3 mars 1729, contrat de mariage de messire Charlemagne *de Cornulier*, chevalier, seigneur de La Caraterie, héritier prin-

cipal et noble de défunt messire Charles de Cornulier, cheva-
lier, seigneur de La Caraterie , capitaine commandant une
compagnie de noblesse en l'évêché de Nantes, et de dame
Julienne Hallouin, ses père et mère, avec demoiselle Françoise
Le Tourneulx de Sens, fille de défunt écuyer Christophe Le
Tourneulx, vivant seigneur de Sens, et de dame Charlotte de
La Bourdonnaye, ses père et mère. Ledit sieur de La Caraterie
demeurant à son château de La Caraterie, paroisse de Saint-
Etienne-de-Mer-Morte. Ladite demoiselle Le Tourneulx, assistée
de la dame de La Bourdonnaye, sa mère, et de dame Charlotte
Le Tourneulx, dame de Cornulier de Montreuil, sa sœur aînée,
héritière principale et noble dudit feu seigneur de Sens, demeurant à Nantes, paroisse Saint-Léonard. La future a pour tous
droits une somme de 30,390¹ 19ˢ 4ᵈ, tant dans les biens
échus du feu seigneur de Sens, son père, que dans ceux de la
succession future de la dame de La Bourdonnaye, sa mère, et
dans la succession de feu Monsieur Le Tourneulx, recteur de
Sainte-Radégonde, son oncle. De laquelle somme, 18,000¹ se-
ront payées directement par la dame de Montreuil à messire
Claude de Cornulier, chevalier de La Caraterie, et à dame
Bonne-Yolande de Cornulier, dame de Ruis, frère et sœur
cadets dudit futur, pour leur part dans les biens paternels et
maternels, suivant l'acte fait entre eux devant Coiquaud, notaire à Nantes, le 25 février dernier. Signé: Charlemagne de
Cornulier Caraterie, Françoise Le Tourneulx de Sens, Charlotte
de La Bourdonnaye, Le Tourneulx de Cornulier, B. Le Tourneulx de l'Epronnière, Luzeau de l'Epronnière, Marie Le Tourneulx Proust, Bonne Proust, Louise Le Tourneulx, Juchault
de Lorme, Bouhier Verie de Lorme, de Mareil, Juchault chevalier de Monceaux, Jeanne du Fouay, Marie Douar de Cornulier, Toussaint de Cornulier, Rosmadec, d'Espinose de Rosmadec,
la présidente Bidé, Bidé de Saint-Aignan, Becdelièvre, Martin
Boux, etc. Lelou et Forget, notaires royaux à Nantes.

Du 10 avril 1732, contrat de mariage entre messire Charlemagne *de Cornulier*, chevalier, seigneur de La Caraterie, fils
aîné, H. P. et N. de défunts messire Charles de Cornulier, chevalier, seigneur de La Caraterie, capitaine commandant une
compagnie de noblesse en l'évêché de Nantes, et de dame Julienne Hallouin, ses père et mère; et demoiselle Marie-Rosalie
Ménardeau de Maubreuil, fille de défunt messire Jean Ménardeau,
chevalier, seigneur de Maubreuil, et de dame Jaquette le Haste,
sa veuve. La future reçoit en dot la terre des Granges, en Saint-
Etienne-de-Montluc. Mention de messire Jean-François Ménardeau, chevalier, seigneur de Maubreuil; d'écuyer Jacques-René
Ménardeau, chevalier de Maubreuil, et de demoiselle Marie-
Jaquette Ménardeau, frères et sœur de la future. Signé : Charle-

magne de Cornulier, Marie-Rosalie de Ménardeau de Maubreuil, Jacquette le Haste, F. Ménardeau, Jean-François Ménardeau de Maubreuil, Proust de Maubreuil, Marie-Jacquette de Ménardeau, Jacques-René de Ménardeau, Pélagie de Cornulier, Pierre de Cornulier, B. le Tourneulx de l'Epronnière, de Morinays, Charlotte de La Bourdonnaye, Pélagie des Vaulx, Nau, Le Tourneulx Cornulier, Marie Douar de Cornulier, Toussaint Cornulier, Gilles Charette, M. C. de La Gâcherie, Montigny Montebert, Louis Charete, Joseph Charete, Sébastien de Rosmadec, de Bruc Montplaisir, de Barberé, Rousseau de La Mesnardière, des Burons, de Monti comte de Rezé, du Châtellier Gazet, Juchault de Lorme, Juchault de Monceaux, de Guiheneuc, etc. Mongin et Forget, notaires royaux à Nantes.

Extraits des registres de la paroisse de Saint-Denis de Nantes.

Le 10 février 1721, a été célébré mariage par moi soussigné, prêtre, recteur de Nort, par permission de Monsieur le recteur de Saint-Denis, après publication d'un seul ban dans les paroisses de Saint-Similien et de Saint-Denis, entre messire Charlemagne *de Cornulier*, fils majeur de feu messire Charles de Cornulier, chevalier, seigneur de La Caraterie, capitaine d'une compagnie de gentilshommes, et de dame Julienne Hallouin, ses père et mère, de la paroisse de Saint-Similien, d'une part ; et demoiselle Marie Giraud, fille majeure de feu maître François Giraud, écuyer, seigneur de La Jaillière, conseiller du Roi au Présidial de Nantes, et de dame Jeanne Hallouin, sa veuve, ses père et mère, de la paroisse de Saint-Denis, d'autre part. Et, attendu la parenté au deuxième degré entre les époux, nous a apparu la dispense de Rome, et en conséquence la sentence de Monsieur l'official de Nantes du 7 février 1721. Signé : Marie Giraud, Charlemagne de Cornulier, Charles Giraud de Lordan, de Cornulier, recteur de Nort, de Tanouarn, recteur de Saint-Denis.

Le 16 mai 1722, a été inhumé, dans l'église de Saint-Denis, le corps de dame Marie-Thérèse Giraud, âgée d'environ 30 ans, épouse de messire Charlemagne *de Cornulier*, décédée le jour précédent dans sa demeure, rue de Briord. En présence de l'abbé de Cornulier, Charbonneau, Brydon, etc.

IXe DEGRÉ.

Extrait des registres de la commune de Saint-Etienne de Montluc.

Le 19 fructidor an VI (5 septembre 1798) ont été mariés Charlemagne-Alexandre-René-Augustin *Cornulier*, fils de feu Charlemagne Cornulier et de Rose-Charlotte Goyon, né commune de Saint-Etienne-de-Mer-Morte le 3 mars 1773, et Marie-Sainte Biré, veuve de Pierre-Jean-Marie Le Bedel, fille de Louis-René Biré et de feue Marie-Catherine Chevigné, née à Nantes, paroisse Saint-Laurent, le 14 avril 1766, et domiciliée en cette commune, à sa maison de Saint-Thomas. En présence de Louis-René Biré, père de la future, âgé de 61 ans, demeurant audit lieu de Saint-Thomas ; de Désiré Cornulier, frère du futur, âgé de 24 ans, demeurant commune de Paulx. Signé : Marie-Sainte de Biré ; Charlemagne de Cornulier de La Caraterie ; L. Biré, Désiré de Cornulier ; Rose Goyon de Cornulier ; Sainte Biré ; Bonne Cornulier ; Emilie Goyon ; Langlais Roussière ; Louis de Cornulier, etc.

Extrait des registres de la commune de Foucaucourt, département de la Somme.

Le 20 nivôse an VII (9 janvier 1799) ont été mariés : Arnaud-Désiré *Cornulier*, âgé de 24 ans, fils de feu Charlemagne Cornulier et de Rose Goyon, né à Paulx, le 15 juin 1774, et Françoise-Marie-Gabrielle Desfriches-Doria, âgée de 26 ans, fille de feu Marie-Marguerite-François-Firmin Desfriches-Doria et de Catherine-Julie-Alexis Derougé, née à Framerville, canton de Foucaucourt, le 11 avril 1772. En présence de Benjamin-René Goyon, âgé de 45 ans, oncle maternel du marié ; de Jacques Farcy Postel Valory, âgé de 67 ans ; de Marie-Françoise-Elisabeth Desfriches-Doria, veuve Castéja, âgée de 45 ans, sœur paternelle de la mariée, et de Marie-Jeanne de Rougé, veuve de Wismes, âgée de 45 ans, sa tante maternelle.

Xe DEGRÉ.

PICHON DE LA RIVOIRE.

N*** Pichon, seigneur de Vanose, Ville-Vance, Saint-Julien, Monestier, etc., entre Saint-Etienne et Annonay, fermier-général, dont la famille était ordinairement désignée sous le nom de Vanose, acquit du sire de La Tourette un petit fief voisin de ses domaines, appelé La Rivoire, où il bâtit un superbe château, duquel son fils prit le nom de Vanose de La Rivoire. Ce fils, créé baron de La Rivoire, fut d'abord écuyer du Roi, puis écuyer cavalcadour commandant les écuries de Madame la Dauphine. Il épousa en premières noces une demoiselle du Bois du Bois, riche héritière dont les propriétés avoisinaient les siennes, en sorte que leurs domaines réunis avaient près de dix lieues de diamètre et occupaient à peu près exclusivement tout le territoire compris entre Saint-Etienne et Annonay.

Il n'eut pas d'enfants du premier lit et épousa en secondes noces mademoiselle Charon, fille de Louis-Charles Charon, gentilhomme ordinaire de la chambre du Roi, président au Parlement de Paris, qui testa le 1er mai 1760, et ne laissa que deux filles : l'aînée mariée au marquis de Cherisey, gentilhomme Lorrain, exempt des gardes du corps du Roi ; et la cadette au baron de La Rivoire.

De ce dernier mariage, ne vinrent aussi que deux filles : l'aînée, Anne-Louise Pichon de La Rivoire, fut mariée à Louis-Gabriel Ramire, comte de La Ramière ; la cadette épousa en premières noces Monsieur de Missy, dont elle n'eut pas d'enfants, et en secondes noces Marie-Joseph de Gain, comte de Montaignac, alors officier au régiment de Noailles cavalerie, depuis lieutenant-général.

Pichon de La Rivoire, porte : *coupé ; en chef d'azur et en pointe de gueules (alias or et argent) à deux épées brochantes passées en sautoir, les pointes hautes, surmontées d'une colombe portant en son bec un rameau.*

Desmé, porte : *d'argent au chevron de sable, accompagné de trois merlettes de même.*

XIe DEGRÉ.

DE MONTSORBIER.

La famille de Montsorbier est originaire du Haut-Poitou. Antoine, Pierre et autre Antoine de Montsorbier servaient à l'arrière ban du Poitou des années 1467, 1491 et 1553.

Lea de Montsorbier, fille de Jean et de Jacqueline de Lespinay, épousa le 1er août 1629 René de La Bussière, écuyer, seigneur de La Bauberderie.

Marie-Madeleine de Montsorbier, épousa le 4 janvier 1689 Jacques-René Thomasset, chevalier, seigneur de La Boissonnière.

Isaac de Montsorbier, écuyer, seigneur de La Brallière, fit enregistrer ses armes dans l'armorial du Poitou en 1697 ; il portait : *d'azur à trois pals d'or.* Sa sœur, Catherine de Montsorbier, avait épousé Alexandre de Buor, seigneur de La Jousselinière.

Les archives particulières de cette famille ayant été anéanties dans la première guerre de la Vendée, le rétablissement complet de sa généalogie exigerait de longues recherches dans les dépôts publics.

Elisabeth-Aimée de Montsorbier épousa Charles-Louis de Tinguy, marquis de Nesmy. Elle était sœur de :

Charles-Joseph de Montsorbier, chevalier, seigneur de La Brallière, marié avec Marie-Honorée *Le Maignan de l'Ecorse,* dont il eut :

1º Honoré-Benjamin-Charles, qui suit ;

2º Elisabeth de Montsorbier, mariée à monsieur de La Gord ;

3º Aimée de Montsorbier, mariée à Alexandre de Mauclerc, chevalier ;

4º Benjamine de Montsorbier, mariée à monsieur Voyneau du Plessis ;

5º Charlotte de Montsorbier, religieuse au couvent du Ronceray.

Honoré-Benjamin-Charles, marquis de Montsorbier, mousquetaire de la garde du Roi, chevalier de Saint-Louis, fut convoqué à l'assemblée de la noblesse du Poitou pour l'élection des députés aux États-généraux de 1789 et émigra en 1791. Il avait épousé Marie-Elisabeth-Bénigne Voyneau du Plessis, fille d'Edouard Voyneau du Plessis et de Jacquette *de Massé,* dont il eut :

1º Louis de Montsorbier, garde d'honneur dans le 3ᵉ régiment en 1813, blessé à la bataille d'Erfurt, chevalier de la légion d'honneur, mort sans alliance ;

2º Marie-Rose-Bénigne de Montsorbier, aussi morte sans alliance ;

3º Charles de Montsorbier, marié en premières noces, le 7 septembre 1835, avec Pauline-Mathilde-Rosalie *de Cornulier de La Caraterie,* et en secondes noces, en 1842, avec Victoire *Guillet de La Brosse.* Il n'eut pas d'enfant du premier lit ; du second lit est venue une fille unique : Victoire-Marie de Montsorbier, mariée le 7 octobre 1861 à Jean-Louis-Arthur, vicomte *de Cornulier.*

7

BRANCHE DE LUCINIÈRE.

IVᵉ DEGRÉ.

· Du 28 mars 1663, transaction entre messire Claude *Cornulier*, seigneur de Lucinière, conseiller du Roi en ses conseils, abbé de Blanche-Couronne et prieur du Hézo, demeurant à Nantes, en son hôtel, paroisse de Saint-Vincent, et les héritiers de défunt messire Pierre Vignal, demeurant en la paroisse d'Erbray, au sujet d'une pension de 600ˡ que ledit défunt aurait eue de son vivant sur le prieuré du Hézo, aux fins d'une sentence rendue au Châtelet de Paris le 11 août 1640, et dont les arrérages ne lui auraient pas été servis jusqu'à son décès. Signé : C. Cornulier ; Belon, notaire royal à Nantes.

Du 31 mai 1666, contrat de constitution de 62ˡ 10ˢ de rente, au capital de 1,000ˡ, consentie par messire René Le Lardeux, seigneur de La Gastière, faisant tant pour lui que pour dame Isabelle *de Cornulier*, sa compagne, demeurant à leur château de La Motte, paroisse d'Ercé ; et par messire Pierre *de Cornulier*, chevalier, seigneur de Lorière, Brains, etc.; et aussi par messire Philippe *de Cornulier*, chevalier, seigneur de Montreuil. Signé : René Le Lardeux, Ysabel de Cornulier, Pierre Cornulier, Philippe de Cornulier ; Garnier et Lebreton, notaires royaux à Nantes.

Du 15 novembre 1667, constitution de rente consentie par messire Pierre *de Cornulier*, seigneur de Lorière, Brains et autres lieux, demeurant à Nantes, paroisse Sainte-Radégonde, faisant tant pour lui que pour messire Claude *de Cornulier*, seigneur de Lucinière, conseiller du Roi en ses conseils, abbé commendataire de Blanche-Couronne et du Hézo son frère.

Du 18 mars 1670, ferme de prairies et de vignes, en la paroisse de Cordemais, dépendantes de l'abbaye de Blanche-Couronne, consentie moyennant 1000ˡ par an par messire Claude *Cornulier*, seigneur de Lucinière, abbé du Hézo et de Blanche-Couronne, conseiller du Roi en ses conseils d'État et privé, demeurant à Nantes, à l'hôtel de Briord, paroisse Saint-Vincent. Lebreton, notaire royal à Nantes.

Du 31 décembre 1670, messire Claude *de Cornulier*, seigneur de Lucinière, conseiller du Roi en ses conseils, abbé de Blanche-Couronne et du Hézo, a requis écuyer Denis Bariller, seigneur du Sas, demeurant à sa maison noble dudit lieu, paroisse de La Chapelle-sur-Erdre, lui laisser à rente constituée la somme de 6,000¹ par une part et celle de 300¹, par autre part, dues par ledit seigneur de Lucinière audit seigneur du Sas et à dame Prudence du Vernay, sa compagne, pour le partage de ladite dame dans la terre et seigneurie du Vernay, située en la paroisse des Touches, dont ledit seigneur de Lucinière serait ci-devant demeuré adjudicataire, selon qu'il est spécifié par l'acte de partage fait entre parties le 28 avril 1669, ce que le sieur du Sas a accordé. Signé : C. de Cornulier, Denis Bariller, Lebreton, notaire royal à Nantes. Et, du 31 janvier 1682, acte de franchissement de ladite constitution fait par messire Jean-Baptiste *de Cornulier*, chevalier, seigneur de Lorière, Brains, etc., conseiller en la Cour, héritier principal et noble de feu messire Claude *de Cornulier*, seigneur de Lucinière, abbé du Hézo et de Blanche-Couronne, demeurant à Nantes, rue Haute-du-Château, paroisse Sainte-Radégonde ; Lebreton, notaire royal à Nantes.

Du 2 septembre 1672, acte dans lequel comparaît dame Jacqueline de La Rivière, dame des terres de La Roche-de-Saint-Crespin, La Morlière, La Ragotière, La Roche-Gautron, etc., veuve de feu messire Roland Morin, seigneur du Trest, conseiller du Roi en ses conseils et président en sa Chambre des Comptes de Bretagne, demeurant à sa maison seigneuriale de La Roche-Gautron, paroisse de Saint-Remy-en-Mauge.

Du 4 avril 1673, contrat de constitution de rente consentie par écuyer François-Bernard des Vaulx, seigneur de La Motte, demeurant à sa maison noble de La Motte, paroisse d'Ercé, évêché de Rennes ; messire Claude *Cornulier*, seigneur de Lucinière, abbé du Hézo et de Blanche-Couronne ; messire Philippe *Cornulier*, seigneur de Montreuil, et dame Jeanne Garnier, son épouse ; et dame Françoise-Josèphe du Plessier, veuve de feu messire Pierre *Cornulier*, seigneur de Lorière, Brains, Le Pesle, etc. Signé : C. de Cornulier, Bernard-François des Vaulx ; Françoise-Josèphe du Plessier ; Philippe de Cornulier. Fouchard et Pinot, notaires royaux à Nantes.

Du 19 septembre 1684, constitution de rente consentie au profit de messire Jean-Baptiste des Vaulx, père et garde naturel de son fils et de défunte dame Françoise Meneust, sa compagne ; de N. H. Claude Meneust, sieur de Loisellière, émancipé de justice, sous l'autorité d'écuyer Jean Le Haste, sieur de La Combaudière, son curateur, et aussi curateur de demoiselle Marguerite Meneust; lesdits Meneust frère et sœurs, enfants et héritiers de défunts N. H. Julien Meneust et Jeanne Macé, sieur et dame de Loisellière. Par acte du 30 juin 1712, écuyer François-Bernard des Vaulx, seigneur de Loisellière, fils de Jean-Baptiste des Vaulx et de Françoise Meneust, et en outre héritier de Claude et de Marguerite Meneust, ses oncle et tante, consent le transport dudit contrat de constitution, tant en son nom qu'en celui de dame Pélagie *de Cornulier*, son épouse.

Du 18 août 1722, contrat de mariage entre messire Joseph des Vaulx, chevalier, seigneur de Richelieu, lieutenant des grenadiers du régiment de Bresse, fils de défunt messire François-Bernard des Vaulx, chevalier, seigneur de La Motte, et de dame Marie Guillay; et dame Anne Luzeau, veuve de défunt écuyer Jean Cailleteau, seigneur de La Chasseloire, Grasmouton et l'Aubraye. Signé : Joseph des Vaulx de Richelieu, Anne Luzeau, Luzeau de l'Epronnière, Marie Douar de Cornulier, Cl. Le Tourneulx; J. B. de Cornulier, recteur de Nort; B. Le Tourneulx de l'Epronnière, Luc Guillay, Louis Charète, C. de Cornulier, Toussaint de Cornulier, Charlotte de La Bourdonnaye, Le Tourneulx de Cornulier, Elisabeth Boussineau de La Gâcherie, Thérèse Dollier, etc., Forget, notaire royal à Nantes.

Extrait des registres de la paroisse de Saint-Martin de Rennes.

Le 28 juin 1643, la bénédiction nuptiale a été donnée à écuyer René des Vaulx, seigneur de Beauchesne, Marigny, etc., et à demoiselle Isabelle *de Cornulier*.

Extraits des registres de la paroisse d'Ercé-en-la-Mée.

Le 27 avril 1638, a été marraine demoiselle Isabelle *de Cornulier*.

Le 14 janvier 1646, a été baptisé Philippe-Emmanuel, fils de messire Gilles Pioger et de demoiselle Martine des Loges, sieur dame de La Placette. Parrain, messire Philippe *de Cornulier*. Signé : de Cornulier, Isabelle de Cornulier.

Le 24 janvier 1655, le corps d'écuyer René des Vaulx, seigneur de Beauchesne et de La Motte; a été enterré dans l'église, près son banc situé au côté de l'épître.

Le 8 février 1655, a été nommé René des Vaulx, fils de feu écuyer René des Vaulx et de dame Isabelle *de Cornulier*, seigneur et dame de Beauchesne et de La Motte en Ercé. Suivant le mémoire manuscrit dudit feu seigneur de Beauchesne, ledit René naquit le 23 mai 1653; ledit mémoire demeuré à ladite dame de Beauchesne qui nous l'a montré.

Le même jour, a été baptisée Françoise des Vaulx, fille des mêmes, née, suivant ledit mémoire, le 23 juillet 1647.

Le même jour, a encore été baptisée Suzanne des Vaulx, fille des mêmes, née, suivant ledit mémoire, le 27 avril 1649.

Ces trois baptêmes faits par messire Michel Beschays, sieur de Garmeaux, recteur de Saint-Armel, par l'ordre du prieur d'Ercé.

Le 1er janvier 1657, fut baptisée Marguerite des Vaulx, fille des mêmes; parrain François Le Lardeulx, marraine Michelle des Loges. Signé : Ysabel de Cornulier.

Le 20 septembre 1672, le corps de feu dame Isabelle *de Cornulier*, dame de La Gastière, décédée d'hier, a été inhumé dans l'église.

Ve DEGRÉ.

Du 22 mai 1656, constitution de rente au profit de messire Pierre *Cornulier*, chevalier, seigneur de Lorière, conseiller du Roi en ses conseils, demeurant à Nantes, paroisse Saint-Laurent. Signé : Pierre Cornulier.

Du 31 octobre 1659, constitution de rente consentie par messire Pierre *Cornulier*, chevalier, seigneur de Lorière, et par dame Françoise-Josèphe du Plessier, son épouse. Signé : Pierre Cornulier, Françoise-Josèphe du Plessier. Lebreton, notaire royal à Nantes.

Du 30 décembre 1662, contrat de constitution de 1,625ᵗ de rente, au capital de 26,000ˡ, prix de la charge de sous-lieutenant dans le régiment des gardes du Roi, acquise par le sieur de Lorière de Jacques Amproux, sieur de Lorme, pour le compte du sieur de Genonville, fils aîné. Ladite constitution consentie par messire Louis du Plessier, chevalier, seigneur de Genonville et de La Blanchardaye, au profit de messire Pierre *de Cornulier*, chevalier, seigneur de Lorière, son gendre. Signé : L. Plessier, Pierre Cornulier, Belon, notaire royal à Nantes.

Du 9 juin 1663, contrat d'entrée en religion, chez les religieuses Carmélites de Nantes, de demoiselle Jeanne-Marie *Cornulier*, fille de messire Pierre Cornulier, chevalier, seigneur de Lorière, Brains et autres lieux, et de dame Françoise-Josèphe du Plessier. Laquelle demoiselle ayant déclaré avoir le désir de se consacrer au service de Dieu en l'ordre du Mont-Carmel de la réforme de sainte Thérèse, établi depuis quelques années en ce royaume de France, comme elle l'avait dit plusieurs fois à la révérende mère Prieure du couvent de Nantes, laquelle aurait consenti à la recevoir en son couvent en qualité de sœur de chœur, pour y passer le temps de son noviciat et après y faire profession. En faveur de quoi, ledit seigneur de Lorière promet de payer la somme de 7,000^l pour la dot de sa fille : savoir: 200^l immédiatement, 300^l le jour de la prise d'habit, et 6,500^l huit jours avant la profession. Signé : Pierre Cornulier, Jeanne-Marie de Cornulier ; Charier et Lebreton, notaires royaux à Nantes. Au pied, en date du 13 août 1664, est la quittance définitive de la dot promise ci-dessus.

Du 2 juin 1666, contrat de constitution de rente consentie par messire Charles du Pé, chevalier, seigneur d'Orvault, au profit de messire Pierre *de Cornulier*, chevalier, seigneur de Lorière, Brains, etc., dont le remboursement est fait, le 4 avril 1680, par Armand du Pé, à messire Jean-Baptiste *de Cornulier*, chevalier, seigneur de Lorière, Brains, le Pesle, etc., conseiller au Parlement de Bretagne, fils aîné, H. P. et N. dudit défunt Pierre de Cornulier et de dame Françoise-Josèphe du Plessier, son épouse, demeurant à Nantes, rue Haute du Château, paroisse Sainte-Radégonde. Signé : J.-B. de Cornulier. Lebreton, notaire royal à Nantes.

Le 23 janvier 1667, messire Pierre *de Cornulier*, chevalier, seigneur de Lorière, Brains, etc., reconnaît avoir reçu de messire Jacques Amproux, seigneur de Lorme, conseiller du Roi en ses conseils d'Etat et privé, ci-devant intendant des finances de France, la somme de 40,000^l et les intérêts d'icelle, en l'acquit de messire François Chomard, seigneur de Trenoust, à valoir et déduire sur la somme de 50,000^l qu'il devait de reste audit sieur de Lorière, du prix de vente qu'il lui a ci-devant fait de l'office de grand maître des eaux, bois et forêts de Bretagne, par ledit sieur de Trenoust depuis vendu à écuyer Samuel Amproux, seigneur de La Haye. Signé : Pierre Cornulier. Bourdays et Lebreton, notaires royaux à Nantes.

Du 25 février 1667, contrat d'entrée en religion chez les Carmélites de Nantes, de demoiselle Louise-Charlotte *de Cornulier*, âgée de 17 à 18 ans, fille de messire Pierre de Cornulier, chevalier, seigneur de Lorière, Brains, etc., et de dame Françoise-Josèphe du Plessier, son épouse ; à laquelle son père promet de payer une somme 6,000^l pour sa dot en religion. Signé : Pierre Cornulier, Louise-Charlotte de Cornulier. Lebreton, notaire royal.

Du 1er mars 1667, acte passé entre messire Pierre *de Cornulier*, chevalier, seigneur de Lorière, et messire Philippe *de Cornulier*, chevalier, seigneur de Montreuil ; demeurant tous les deux à Nantes, le premier paroisse Sainte-Radégonde et le second paroisse Saint-Laurent.

Du 20 août 1670, messire Charles Hubert, seigneur de La Vesquerie, aurait déclaré à Messieurs les tuteur et parents de messire Louis du Plessier, seigneur de Genonville, qu'il aurait touché une notable somme d'argent pour le remboursement des greffes des insinuations qui appartenaient à feu messire Jean-Baptiste du Plessier, vivant seigneur de Genonville, comme étant obligé avec messire Pierre *de Cornulier*, seigneur de Lorière, de gérer les affaires de la tutelle dudit sieur Louis du Plessier, par acte passé entre eux et messire Guy du Pont, seigneur d'Eschuilly, conseiller au Parlement de Bretagne, tuteur dudit Louis du Plessier, en date du 9 mai 1665, et qu'il n'a pu depuis trouver occasion de colloquer ladite somme à intérêts, mais qu'icelui seigneur de Genonville est redevable à messsire Pierre de Cornulier, seigneur de Lorière, de la somme de 26,000¹ de principal, suivant contrat du 30 décembre 1662, et qu'il serait à propos de le franchir, ce que les tuteur et parents dudit sieur de Genonville ont loué. En conséquence, ont comparu : messire Claude *de Cornulier*, abbé de Blanche-Couronne, seigneur de Lucinière, curateur de messire Jean-Baptiste *de Cornulier*, seigneur de Lorière, fils aîné, H. P. et N. du feu seigneur de Lorière, son père, et dame Françoise-Josèphe du Plessier, veuve dudit feu seigneur de Lorière, tant en son nom que comme tutrice de Jean, Charles et Elisabeth *de Cornulier*, enfants mineurs puînés desdits seigneur et dame de Lorière, lesquels ont reçu ledit remboursement. Signé : C. de Cornulier, Françoise-Josèphe du Plessier, Charles Hubert. Belon et Petit, notaires royaux à Nantes. Ledit acte passé en vertu d'une procuration au rapport des notaires du Châtelet de Paris, en date du 14 août 1670, donnée par messire Jean-Baptiste de Cornulier, seigneur de Lorière, mineur émancipé, demeurant à Paris, à l'Académie royale de S. M. rue de Seine, faubourg Saint-Germain, à messire Claude de Cornulier, conseiller du Roi en ses conseils, abbé de Blanche-Couronne, seigneur de Lucinière, son oncle, qui l'avait autorisé à cet effet, signé : Jean-Baptiste de Cornulier.

Du 29 décembre 1677, contrat de constitution de 100¹ de rente, au capital de 1,600¹ consentie par messire Jean-Baptiste *de Cornulier*, abbé, prieur du Prieuré du Tertre, et par dame Françoise-Josèphe du Plessier, sa mère, veuve de défunt messire Pierre de Cornulier, seigneur de Lorière, Brains, le Pesle, etc. demeurant à Nantes, rue Haute-du-Château, paroisse Sainte-Radégonde, en conséquence de l'avis des parents dudit sieur abbé de Cornulier, qui sont : Messieurs de Lorière Cornulier, conseiller en la Cour, de Sesmaisons et de Montreuil Cornulier; de plus s'oblige ledit sieur abbé de Cornulier de fournir ratification du présent aussitôt qu'il aura atteint l'âge de 25 ans, qui sera le 14 janvier 1680. Signé : Françoise-Josèphe du Plessier, Jean-Baptiste, abbé de Cornulier. Lebreton, notaire royal à Nantes.

Du 17 janvier 1680, contrat de constitution de rente consentie par messire Jean-Baptiste *de Cornulier*, le jeune, abbé de Cornulier, demeurant à Nantes, rue du Château, paroisse Sainte-Radégonde, signé : Jean-Baptiste de Cornulier. Charier et Lebreton, notaires royaux à Nantes.

Du 1er juillet 1689, contrat de constitution de rente au profit de dame Marguerite Lory, supérieure de la maison et communauté des filles Pénitentes de Sainte-Marie-Madeleine, établies à Nantes près le Port-Communeau, paroisse de Saint-Léonard, consentie par damoiselle Françoise-Elisabeth *de Cornulier*, dame de Lorière, capable de ses droits, demeurant près le château, paroisse de Sainte-Radégonde. Signé : Françoise-Elisabeth de Cornulier ; Lebreton, notaire royal à Nantes. Et, du 18 novembre 1718, titre nouvel de la même rente, par la même, demeurant alors à sa maison de Lorière, paroisse de Brains.

Extrait des registres de la paroisse de Saint-Aubin de Rennes.

Le 6 septembre 1708 mourut messire Jean-Baptiste *de Cornulier*, chevalier, seigneur du Pesle, président en la Chambre des Comptes ; son corps fut apporté dans cette église le 8, et conduit dans la chapelle des Pères Minimes de cette ville, dont Messieurs de Cornulier sont fondateurs.

DU PLESSIER.

Le 18 février 1643, messire Louis du Plessier, chevalier, seigneur de Genonville, La Blanchardaye, etc.. demeurant à Nantes, paroisse Saint-Vincent, transporte, à titre de rente foncière, à N. et discret messire François du Plessier, son frère, prieur de Saint-Herblon d'Indre, y demeurant, une île plantée de lucette, ci-devant appelée la grève Pivain, située en la rivière de Loire, paroisse d'Aindre, arrentée le 4 mai 1638, à Jean Ragot qui la lui avait cédée.

Nota. Le registre de Saint-Vincent de Nantes mentionne, à la date du 22 janvier 1645, le mariage de Pierre *de Cornulier*, avec Françoise-Josèphe du Plessier, mais c'est là un mémoire plutôt qu'un véritable acte de mariage. Il est probable que la bénédiction nuptiale fut donnée à Vuc, paroisse de La Blanchardais, mais il est impossible de le vérifier aujourd'hui, les registres de Vuc ayant été détruits pendant la guerre de la Vendée.

Du 9 mai 1665, acte par lequel messire Pierre *de Cornulier*, seigneur de Lorière, et dame Françoise-Josèphe du Plessier, sa compagne, ainsi que messire Charles Hubert, seigneur de la Vesquerie, et dame Elisabeth du Plessier, sa compagne, s'obligent vers messire Guy du Pont, seigneur d'Eschuilly, conseiller au Parlement de Bretagne, de gérer la tutelle qu'il a acceptée d'écuyer Louis du Plessier et de demoiselle Marie-Anne du Plessier, enfants mineurs puînés de défunt messire Louis du Plessier, chevalier, seigneur de Genonville, La Blanchardaye, etc., et de défunte dame Marie Blanchard, et d'en rendre bon et fidèle compte à la majorité desdits mineurs et à celle de messire Jean-Baptiste du Plessier, fils aîné, H. P. et N. desdits défunts. Signé : Pierre Cornulier, Charles Hubert, Françoise-Josèphe du Plessier, Elisabeth du Plessier, Guy du Pont. Belon, notaire royal à Nantes.

Du 10 septembre 1718, acte de vente de la terre et seigneurie de La Blanchardaye, en la paroisse de Vue, moyennant le prix de 129,000[1] consentie par messire Antoine-René Le Feuvre de La Faluère, chevalier, conseiller du Roi en ses conseils, président à mortier au Parlement de Bretagne, et dame Louise-Renée du Plessier de Genonville, son épouse ; et par dame Anne Rogier du Crévy, épouse de messire François-Salomon de La Tullaye, chevalier, seigneur du Plessis-Tizon, conseiller du Roi en ses conseils, procureur général en la Chambre des Comptes de Bretagne, et auparavant veuve de messire Louis du Plessier, chevalier, seigneur de Genonville et de La Blanchardaye ; au profit de nobles gens Thomas et Daniel Macnemara, frères, négociants à Nantes.

Nota. En démolissant récemment l'ancienne église de Vue, on a trouvé sous le maître autel une pierre qui portait cette inscription : *Messire Louis du Plessier, chevalier, seigneur de Genonville, La Blanchardais, Caurois et Naurois, La Prée-au-Duc et Le Pont-en-Vertais, etc., et dame Anne Rogier, sa compagne. Le 20 septembre 1679.*

RAGUIDEAU ET TROTEREAU.

Du 3 février 1641, ferme consentie par messire François-Raguideau, seigneur du Rocher, demeurant à Nantes, et par demoiselle Jeanne Chesneau, sa belle-sœur, veuve de feu Gilles Raguideau, en son nom et comme tutrice des enfants de son mariage, demeurant au lieu du Moulinier, paroisse de Château-Thébaud.

François Raguideau, seigneur du Rocher, fut reçu auditeur des Comptes de Bretagne le 1er décembre 1651 et président en ladite Chambre le 19 janvier 1682. A l'occasion de sa première réception, il déclare qu'il est fils de feu maître Gilles Raguideau et de Madeleine Rousseau. Que ledit Gilles Raguideau était fils de feu Jean Raguideau et de Françoise de Launay. Que ledit Jean Raguideau était fils d'autre Jean Raguideau et de Françoise Lefebvre.

Que ladite Madeleine Rousseau était fille de Jean Rousseau et d'Anne Lebreton. Que ledit Jean Rousseau était fils de René Rousseau et de Jeanne Davy.

Que Philiberte Morel, sa femme, est fille d'écuyer Julien Morel, seigneur de Grémil, et de Jeanne Chatier. Que Julien Morel était fils d'écuyer Pierre Morel et de Jeanne Simon, fille elle-même de Julien Simon, sieur de Creviac, en Nozay, et de Jeanne du Fresche, sa première femme. Que Pierre Morel, seigneur de Lespinay, était fils d'écuyer Julien Morel et de Guillemette de Cardenet.

Que la dite Jeanne Chatier, était fille de N. H. Thomas Chatier, seigneur de La Noe, et de Françoise Jan. Que Thomas Chatier était fils de Pierre Chatier et de Catherine Rousseau. (*Liasse de la chambre des comptes, 2ᵉ semestre de 1651.*)

De cette famille était dom Julien Raguideau, savant bénédictin de la congrégation de Saint-Maur, né à Nantes en 1628, profès de Saint-Melaine de Rennes en 1647, mort à l'abbaye de Saint-Valery, en Picardie, en 1701 ; qui adressa, en 1689, à D. Audren un mémoire intéressant sur l'histoire de Bretagne qu'il préparait.

Du 17 janvier 1670, contrat de mariage entre messire Jean Morin, seigneur de La Roche-Gautron, fils puîné de messire Rolland Morin, seigneur du Tresle, conseiller du Roi en ses conseils et président en la Chambre des Comptes de Bretagne, et de dame Jacqueline de La Rivière, à présent sa veuve ; et demoiselle Louise Trotereau, fille unique de défunts écuyer Louis Trotereau et demoiselle Jeanne Chrestien, seigneur et dame du Palierne, La Clerissaye, Le Boisvert, etc. La dame de La Rivière donne à son fils, futur époux, la terre de La Roche-Gautron, en Anjou, du consentement de messire Pierre Morin, chevalier, seigneur du Tresle, son frère aîné. En présence des sus-nommés, de N. H. Yves Fruyneau, sieur de La Savarière, ci-devant tuteur de la future ; de H. et P. messire Guillaume de Harouis, chevalier, seigneur de La Seilleraye, son cousin ; de Joachim des Cartes, etc. Petit, notaire royal à Nantes.

Du 9 mars 1713, acte par lequel messire Armand-Christophe Barrin de La Galissonnière, abbé de Notre-Dame-de-la-Varenne, au diocèse de Bourges, consent à se faire recevoir dans la charge de président en la Chambre des Comptes de Bretagne,

que possédait défunt messire Jean-Baptiste *de Cornulier*, chevalier, seigneur du Pesle, pour conserver à Louise Trotereau, sa
veuve, la propriété de ladite charge qui lui appartient en qualité de première créancière de son feu mari, et qu'elle n'a pas
encore pu trouver à vendre convenablement.

Du 25 septembre 1720, procuration donnée par Louise
Trotereau à Achille-Rolland Barrin, son petit-fils, seigneur du
Pallet, conseiller au Parlement de Bretagne, pour franchir
toutes ses créances. Signé : Louise Trotereau de Cornulier
du Pesle.

Du 13 février 1725, transaction passée devant Chassé, notaire
royal à Rennes, entre messire Achille-Rolland Barrin, chevalier, seigneur du Pallet, conseiller au Parlement de Bretagne,
faisant pour dame Louise Trotereau, son ayeule, veuve de
messire Jean-Baptiste *de Cornulier*, chevalier, seigneur du
Pesle, président en la Chambre des Comptes de Bretagne. Et
1° dame Marie-Prudence Guerry, épouse fondée de pouvoirs de
messire François Huteau, chevalier, seigneur des Burons ;
2° écuyer François Rabeau, seigneur du Bois de La Motte, tant
en son nom que comme père de son fils mineur issu de son
mariage avec défunte dame Charlotte Huteau ; lesdits sieurs du
Buron et Rabeau héritiers de messire Jean Huteau, sieur de
Kerné et de dame Marie Raguideau, leurs père et mère.
Ladite Raguideau, sœur de Louise Raguideau, première femme
dudit seigneur du Pesle. Ledit sieur Barrin fils aîné de messire
Achille Barrin, seigneur du Pallet, et de Marie-Anne Morin,
fille du premier lit de ladite Trotereau. Au sujet du prix de
la charge de président dudit feu seigneur du Pesle, sur lequel
les héritiers de ses deux femmes prétendaient avoir une pré-
férence.

Etat des recettes de la succession de madame la présidente
du Pesle, des années 1737 à 1743, où l'on voit qu'elle possédait le Vaubenoît, la grande et la petite Clérissaye, le Palierne,
le Boisverd, et la Trahannière. Ces deux dernières terres,
en Abbaretz, avaient été données à des bâtards des Morin.
La présidente du Pesle avait encore joui pendant 53 ans,
comme usufruitière, de deux maisons seigneuriales, de six
métairies en Saint-Crespin et de quatre métairies en Saint-
Rémy-en-Mauge.

VIe DEGRÉ.

Du 9 décembre 1677, consentement donné par messire Jean-
Baptiste *de Cornulier*, conseiller au Parlement de Bretagne,
demeurant à Vannes, paroisse Sainte-Croix, à ce que dame
Françoise-Josèphe du Plessier, veuve de messire Pierre *de*

Cornulier, chevalier, seigneur de Lorière, sa mère, tutrice d'autre messire Jean-Baptiste *de Cornulier*, son fils, prenne sur les biens dudit seigneur de Cornulier, son mineur, une somme de 1,600¹ pour l'employer à son profit. Signé : Jean-Baptiste de Cornulier, Goualez, notaire royal à Vannes.

De 1679, déclaration faite par messire Jean--Baptiste *de Cornulier*, chevalier, seigneur de Lorière, conseiller au Parlement de Bretagne, faisant tant pour lui que pour dame Françoise du Plessier, sa mère, tutrice de ses autres enfants, propriétaire d'un canton autrefois appelé *Papolin*, partie en landes, présentement appelé le lieu et manoir de *Lorière*, dont partie est en labour, le surplus consistant en maisons, jardins, prés, bois, pâtureaux, étang, réservoirs, trois métairies bâties, trois clos de vignes; contenant 205 journaux arrentés en 1640 par le sieur de Genonville ; doit, à raison de 2ˢ monnaie par journal, 24¹ 12ˢ tournois. Ledit canton relevant noblement du Roi à foi, hommage et rachat au double de la rente. (*Extrait du sommier général des biens du Roi.*)

Du 24 décembre 1709, acte de vente consentie par messire Jean-Baptiste *de Cornulier*, chevalier, seigneur de Lorière, conseiller au Parlement de Bretagne, héritier de défunt messire Jean-Baptiste *de Cornulier*, chevalier, seigneur du Pesle, conseiller du Roi en ses conseils et président en la Chambre des Comptes de Bretagne, son frère, demeurant pendant le service de son semestre en la ville de Rennes, paroisse de Saint-Germain, et hors de son semestre à son château de Lucinière, paroisse de Nort, étant de présent en cette ville de Nantes, en sa maison, rue du Château, paroisse Sainte-Radégonde ; au profit de messire Jean Binet, chevalier, seigneur de La Blottière, grand bailly d'épée et commandant la noblesse en Bretagne, fils aîné, H. P. et N. de défunt messire Louis Binet, chevalier, seigneur de La Blottière, et de dame Anne Le Borgne, son épouse ; du consentement de dame Françoise de La Tullaye, dame douairière de La Blottière, mère dudit sieur grand bailly. Savoir est les maisons, terres, fiefs et seigneuries de Jasson et Malnoe, tels que ledit feu sieur du Pesle les avait acquis dudit feu sieur de La Blottière et de ladite dame de La Tullaye, sa veuve, par contrat du 28 juin 1686, au rapport de Lemerle, notaire royal. Ladite vente faite moyennant le prix de 67,500¹, dont 60,000¹ de prix principal et 7,500¹ pour les lods et ventes acquis au sieur de Lorière à cause des privilèges de son office de conseiller au Parlement. Lesquelles 60,000¹ les acquéreurs retiendront en déduction de la somme de 70,000¹, prix de la vente faite le 28 juin 1686 audit feu sieur du Pesle et à dame Louise Raguideau, son épouse.

Et a pareillement, ledit seigneur de Lorière, vendu auxdits seigneur et dame de La Blottière les maisons, terres, fiefs et seigneuries du Pesle, du Branday et de la Grande-Haye, situés dans les paroisses de Brains, Saint-Léger et Port-Saint-Père, tels qu'ils appartenaient audit feu seigneur du Pesle, en vertu du partage fait entre lui et ledit seigneur de Lorière, le 20 septembre 1682 ; ladite vente consentie moyennant 42,740^l, dont 38,000^l pour le prix principal et 4,740^l pour les lods et ventes acquis au sieur de Lorière par les privilèges de sa charge, suivant les lettres patentes du Roi du mois de mai 1708. Signé : Françoise de La Tullaye, J. B. de Cornulier, J. Binct de La Blottière, Anne Le Borgne de La Blottière. Gendron, notaire royal à Nantes.

Du 12 septembre 1712, vente consentie par dame Jeanne Libault, épouse de messire Jean-Baptiste *de Cornulier*, chevalier, seigneur de Lorière, Lucinière, Le Meix, Le Vernay et autres lieux, baron de La Roche-en-Nort, conseiller au Parlement de Bretagne, au profit de Pierre Bernier, ancien consul, échevin de Nantes, de la terre et seigneurie de La Templerie et de la maison noble de Belabord, sises en la paroisse de Château-Thébaud, moyennant le prix de 50,000^l. Signé : Jeanne Libault, J. B. de Cornulier, Pierre Bernier. Chevrier et Gendron, notaires royaux à Nantes.

Du 9 août 1713, *Arrêt du Parlement de Normandie*, rendu entre messire Jean-Baptiste *de Cornulier*, chevalier, seigneur de Lorière, conseiller au Parlement de Bretagne, tant en son nom que comme père, tuteur et garde naturel de ses enfants sortis de son premier mariage avec dame Françoise Dondel, son épouse ; messire Marc Dondel, sieur de Trévoizec, trésorier de France et général des finances de Bretagne, et messire Charles Dondel, écuyer, seigneur du Parc, sénéchal du Présidial de Quimper ; tous héritiers de feu Thomas Dondel, écuyer, seigneur de Brangolo, en son vivant associé de feu François de La Pierre, écuyer, sieur des Salles, dans les fermes de Bretagne, avec Gabriel et Mathieu de La Pierre ; Et messire Claude-Jean-Baptiste *de Cornulier*, chevalier, comte de La Roche-en-Nort, fils aîné dudit sieur de Cornulier et héritier principal et noble de ladite feue dame Françoise Dondel, sa mère, qui était aussi héritière dudit sieur Thomas Dondel ; ayant repris le procès, conjointement avec ledit sieur son père et ses consorts, depuis sa majorité, d'une part ; Et les sieurs Bigeaud et autres héritiers de Mathieu, de François et de Gabriel de La Pierre, d'autre part ; Et messire René Louail, écuyer, seigneur de La Saudraye, et dame Prudence-Angélique *de Cornulier*, son épouse ; Et messire Bernard des Vaulx et dame Angélique *de*

Cornulier, son épouse, sous la curatelle du sieur Jean-Baptiste des Vaulx, son père et garde-noble; lesdites dames Louail et des Vaulx, héritières de ladite défunte dame Françoise Dondel, première femme dudit sieur de Cornulier, leur mère, d'autre part; Et messire Jean de La Pierre, écuyer, baron de La Forest, grand maître des eaux et forêts de Bretagne; messire Guillaume de La Pierre, écuyer, seigneur de Hénan, sénéchal du duché de Rohan; messire François de La Pierre, écuyer, seigneur de Talhouët, maître des Comptes de Bretagne; et Charles de La Pierre, sénéchal de Languidic, curateur de messires Bonaventure, Jean et Toussaint de La Pierre, et de demoiselles Angélique et Thérèse de La Pierre, enfants mineurs de dame Louise-Perrine Eudo, veuve de Thomas de La Pierre, écuyer, seigneur de Frémur, et tutrice de leurs dits enfants mineurs; messire Jean-Jacques Michau, écuyer, seigneur de Montaran, époux de dame Marie-Jeanne de La Pierre, aussi fille de ladite dame Eudo, trésorier général des Etats de Bretagne. La dame Julienne de La Pierre, veuve de messire Yves de Coniac, chevalier, seigneur de Tulmen, conseiller au Parlement de Bretagne, tant en son nom que comme tutrice de ses enfants, etc. (*Extrait des registres du Parlement de Normandie.*)

Du 4 mai 1726, contrat de mariage de messire Emmanuel Cassard, seigneur de La Jou, conseiller du Roi, juge criminel du Présidial de Nantes, veuf de dame Françoise Merlet; et de dame Pélagie *de Cornulier*, veuve de messire François-Bernard des Vaulx, chevalier, seigneur dudit lieu. Signé : Pélagie de Cornulier, E. Cassard, Forget et Gendron, notaires royaux à Nantes.

Du 18 mai 1729, *Sentence du Présidial de Nantes*, qui juge que la succession de feue demoiselle Françoise-Elisabeth *de Cornulier*, dame de Lorière, sera partagée au noble comme au noble et au partable comme au partable entre ses neveux et nièces, savoir : messire Claude-Jean-Baptiste *de Cornulier*, seigneur de Lorière, conseiller au Parlement de Bretagne, héritier principal et noble de feu messire Jean-Baptiste *de Cornulier*, chevalier, seigneur de Lorière, et de ladite feue demoiselle de Lorière; messire Pierre *de Cornulier*, chevalier, seigneur du Vernay; messire Louis Chotard, seigneur de La Loirie, et dame Marie-Anne Marcuise *de Cornulier*, son épouse; Emmanuel Cassard, écuyer, seigneur de La Jou, juge criminel de Nantes, et dame Pélagie *de Cornulier*, son épouse; dame Marie-Prudence *de Cornulier*, veuve de messire Claude-François Louail, seigneur de La Saudrais.

Du 12 juin 1729, acte de ratification par dame Marie-Anne Gouin, veuve de messire Jacques Brossard, écuyer, seigneur du Vignau, et dame Jacquette-Marguerite Brossard, épouse de messire Pierre *de Cornulier*, chevalier, seigneur du Vernay, demeurant à leur maison du Plessis, paroisse du Pont-Saint-Martin, d'un contrat de constitution de 400¹ de rente, au capital de 8,000¹, consenti par ledit de Cornulier, au nom desdites dames, au profit d'écuyer Michel Gazet, seigneur du Chastellier, et de Marie Touzé, son épouse. Signé : Marie-Anne Gouin, Marguerite Brossard de Cornulier, Pierre de Cornulier. Forget, notaire royal à Nantes.

En 1708, écuyer Pierre Brossard, seigneur du Plessis, était marié avec Jeanne Guyton.

Du 24 avril 1732, contrat de constitution de 250¹ de rente consentie par dame Pélagie *de Cornulier*, veuve de messire Jean-Baptiste des Vaulx, chevalier, seigneur de Loisellière, et messire Pierre *de Cornulier*, chevalier, seigneur du Vernay, son frère, avec hypothèque spéciale sur les métairies d'Allon, en la paroisse de Joué, appartenant à ladite dame de Cornulier, au profit de messire Claude *de Cornulier*, chevalier, seigneur du Boismaqueau, président honoraire en la Chambre des Comptes de Bretagne, demeurant à Nantes, paroisse Saint-Léonard. Signé ; Pélagie de Cornulier, Pierre de Cornulier du Vernay. Cl. de Cornulier. Forget, notaire royal à Nantes. Pélagie de Cornulier ayant franchi ce contrat le 24 juillet 1743, Marguerite-Jacquette Brossard, veuve de messire Pierre de Cornulier, chevalier, seigneur du Vernay, demeurant à son château du Plessis, paroisse du Pont Saint-Martin, se charge de ladite rente au profit de messire Toussaint *de Cornulier*, chevalier, seigneur du Boismaqueau, président à mortier au Parlement de Bretagne, fils aîné, H. P. et N. dudit Claude de Cornulier ; du consentement de messire Jean-Baptiste-Toussaint *de Cornulier*, mousquetaire de la 1re compagnie, et de dame Jeanne *de Cornulier*, dame de l'Etang Charbonneau, ses puînés, pour lesquels stipule dame Marie Douard, dame présidente *de Cornulier*, leur mère.

Du 7 avril 1739, bail à ferme de la métairie du Vignau, en la paroisse de Couffé, consenti par dame Marguerite-Jacquette Brossard, veuve de messire Pierre *de Cornulier*, chevalier, seigneur du Vernay. Forget, notaire royal à Nantes.

Extrait des registres de la paroisse de Saint-Pierre-en-Saint-Georges de Rennes.

Le 9 février 1693, demoiselle Marie-Anne Marcuise, fille de

messire Jean-Baptiste *de Cornulier*, chevalier, seigneur de Lorière, conseiller au Parlement de Bretagne, et de dame Françoise Dondel, son épouse, née le 18 décembre 1686 et baptisée
sans les cérémonies dans la paroisse de Nort, a ce jour reçu
l'imposition de son nom et été nommée par messire Marc Dondel, chevalier, général des finances en Bretagne, et dame Marie-
Anne du Plessier, veuve de messire Silvestre du Quengo, chevalier, seigneur de Pontgant.

Extraits des registres de la paroisse de Saint-Grégoire,
près Rennes.

Le 26 août 1708, naquit Claude-Marie Louail, fils de Claude
Louail et de Prudence *de Cornulier*.

Le 8 août 1710, naquit Claude-Jean-Baptiste Louail, fils des
mêmes.

Le 28 novembre 1726, a été inhumé Claude-François Louail,
chevalier, seigneur de La Saudrais.

Extraits des registres de la paroisse du Pont-Saint-Martin.

Le 15 octobre 1725, a été baptisé Pierre-Jean-Baptiste-Henri,
fils de messire Pierre-Eustache *de Cornulier*, chevalier, seigneur
du Vernay, du Plessis, etc., et de dame Jacquette-Marguerite
Brossard, son épouse. Ledit enfant né le 13 dudit mois. Parrain,
messire Jean-Baptiste-Claude *de Cornulier*, chevalier, seigneur
de Lorière, Lucinière, le Pesle, etc., conseiller au Parlement de
Bretagne ; marraine, dame Marie-Anne Gouin, veuve de messire
Jacques Brossard, seigneur du Vignau.

Le 14 septembre 1727, a été baptisée Françoise-Elisabeth,
née le 12 de ce mois, fille de messire Pierre-Eustache *de Cornulier*, chevalier, seigneur du Plessis, etc., et de dame Marguerite-Jacquette Brossard du Vignau, son épouse. Parrain, messire
Toussaint *de Cornulier*, chevalier, seigneur du Boismaqueau,
président en la Chambre des Comptes de Bretagne.

Le 29 janvier 1729, a été baptisé Claude-Etienne Pélage, né
le 26, fils des mêmes. Parrain, messire Etienne-Henri Gouin ;
marraine, Pélagie *de Cornulier*, épouse de messire Emmanuel
Cassard, écuyer, seigneur de La Jou, juge criminel de Nantes.

Le 30 avril 1731, a été baptisée Marie, née de ce jour au
Plessis, fille de Pierre *de Cornulier*, et de Jacquette Brossard.

Le 5 juin 1731, a été inhumée dame Marie-Anne Gouin, veuve
d'écuyer Jacques Brossard, seigneur du Vignau, âgée de 49 ans,
décédée hier au Plessis, en présence de Pierre *de Cornulier*,
chevalier, seigneur du Vernay ; d'écuyer Henri Gouin, seigneur
du Fief, correcteur des Comptes, son frère.

Le 19 septembre 1732, a été baptisée Marguerite-Rosalie, née de la veille, fille de messire Pierre-Eustache *de Cornulier*, chevalier, seigneur du Vernay et autres lieux, et de dame Jacquette-Marguerite Brossard. Parrain, messire Charlemagne *de Cornulier*, chevalier, seigneur de La Caraterie ; marraine, Marguerite Gouin, veuve de messire François Bradasne, écuyer, seigneur du Tréget.

Le 24 juillet 1735, a été baptisé Philippe-Toussaint, né la veille, fils de Pierre *de Cornulier*, et de Jacquette Brossard. Parrain, écuyer Jean-Baptiste-Henri-Pierre *de Cornulier*, frère de l'enfant ; marraine, demoiselle Elisabeth *de Cornulier*, sa sœur. Ledit enfant décédé le 13 septembre 1736.

Extrait des registres de la paroisse de Saint-Laurent de Nantes.

Le dimanche 9 octobre 1763, a été publié un ban de futur mariage entre messire Pierre-Jean-Baptiste *de Cornulier*, chevalier, seigneur du Vernay et du Tréget, fils majeur de feu messire Pierre-Eustache *de Cornulier*, chevalier, seigneur du Vernay, du Plessis, de l'Esturmière et autres lieux, pensionnaire des Etats de Bretagne, et de dame Jacquette-Marguerite Brossard, ses père et mère, originaire de la paroisse du Pont-Saint-Martin, domicilié à Nantes, d'une part ; et demoiselle Marie-Louise Collas de l'Epronnière, fille de messire Charles-François Collas, chevalier, seigneur de l'Epronnière, et de dame Louise-Claude Hernault de Montiron, ses père et mère, domiciliée en la paroisse de Sainte-Croix de Rochefort-sur-Loire, d'autre part.

Extrait des registres de la paroisse de Saint-Maurille d'Angers.

Le 11 octobre 1763, la bénédiction nuptiale a été donnée par nous Félix-Auguste Collas de l'Epronnière, docteur de Sorbonne, ancien doyen de la collégiale de Saint-Martin de cette ville, oncle paternel de l'épouse, à messire Pierre-Jean-Baptiste-Henri *de Cornulier*, chevalier, seigneur du Vernay et autres lieux, fils aîné de défunt messire Pierre-Eustache de Cornulier, chevalier, seigneur du Vernay, et de dame Jacquette-Marguerite Brossard, ses père et mère, de la paroisse de Saint-Laurent de Nantes ; et à demoiselle Marie-Louise Collas de l'Epronnière, demoiselle, fille de messire Charles-François Collas, chevalier, seigneur de l'Epronnière, et de dame Louise-Claude Hernault de Montiron, ses père et mère, présents et consentans, de la paroisse de Rochefort-sur-Loire. En présence du fondé de pouvoirs de la susdite dame Jacquette-Marguerite Brossard ; de messire Pélage-Etienne-Claude de Cornulier, chevalier, frère ; de demoiselle Elisabeth-Françoise de Cornulier, sœur ; de

8

messire Benjamin de Cornulier, chevalier, seigneur de Lucinière, conseiller au Parlement de Bretagne, cousin-germain de
l'époux ; de demoiselles Charlotte-Félicité et Louise-Marie Collas
de l'Epronnière, sœurs ; de dame Marie-Nicolle Collas de l'Epronnière, veuve de messire Nepveu de La Hamardière, tante ; de
messire Louis-Pierre Hernault de Montiron, écuyer, contrôleur
des guerres ; et de dame Marguerite-Perrine Poulain de La
Tirlière, oncle et tante ; de messire René-Louis-François
Chaillant de La Fontraise, curé d'Argenton, oncle de l'épouse ;
et autres parents et amis.

Extrait du registre des procès-verbaux de l'Académie d'Angers.

Séance du mercredi 14 février 1759. Monsieur Ayrault de
Saint-Thenis a prononcé le panégyrique de feu monsieur de
Vaugirauld, évêque d'Angers. Le public s'étant retiré, mondit
sieur de Saint-Thenis a proposé à messieurs d'associer à cette
Académie monsieur de Serans, premier président perpétuel de
la Société littéraire et militaire de Besançon, dont il a procuré
l'établissement ; et de monsieur *le comte de Cornulier*, l'un et
l'autre connus avantageusement dans la république des lettres.
Sur quoi, délibération prise, mesdits sieurs de Serans et de
Cornulier ont été nommés d'une voix unanime associés de cette
Académie. Signé : Berthelot Dupaty et Rangeard, secrétaire perpétuel.

Extrait des registres de la Société Royale des sciences, lettres et
arts de Nancy, autrement Académie de Stanislas.

Dans la séance du 11 décembre 1759, monsieur de Solignac
fait part à l'assemblée d'une lettre , qu'il a reçue de monsieur
Desforges-Maillart, l'un des associés étrangers, datée du Croisic,
en Bretagne, le 8 octobre. Elle porte : « J'aurais une nouvelle
» requête à vous présenter pour un de mes plus vrais et de
» mes plus intimes amis, *monsieur le comte de Cornulier*, de
» l'Académie royale d'Angers, proche parent de messieurs de
» Cornulier dont la maison fournit depuis un temps immémo-
» rial des présidents à mortier au Parlement de Bretagne. Cet
» ami me prie, depuis que vous m'avez procuré une place dans
» votre Académie, de vous solliciter en sa faveur pour lui obte-
» nir le même honneur et la même grâce. Il fait de très-jolis
» vers et d'excellente prose. Il sait, outre le latin, les langues
» grecque, anglaise et italienne. Il est âgé de trente ans envi-
» ron, et c'est selon moi un des hommes de cette province qui
» aient le plus d'esprit et de goût. L'auteur de l'*Année littéraire*
» a donné quelques pièces de ses vers qui ont mérité les suf-
» frages des amateurs de la délicatesse. Je puis aussi vous citer
» pour preuve de sa littérature l'extrait de son discours de ré-

» ception à l'Académie royale d'Angers : vous le trouverez dans
» le IVe vol. de l'*Année littéraire*, année 1758, p. 353. Enfin
» monsieur le comte de Cornulier est mon intime ami ; c'est
» un autre moi ; je ne puis vous en dire davantage pour vous
» prouver la passion que j'ai de vous le donner pour confrère.
» Si le cœur humain pouvait être sans vices, je donnerais cette
» louange à monsieur de Cornulier, et je puis dire que je ne
» lui en connais aucun. Jamais personne ne fut plus sensible
» que lui au malheur et à la triste situation de ses amis. Je
» sais des gens d'esprit qui l'ont trouvé prêt à les obliger à ses
» frais, sans espérance de s'en dédommager ; je lui ai même fait
» quelquefois sur cela des réprimandes d'ami, en lui représen-
» tant qu'il devait prendre garde à ménager ses revenus de
» manière que sa générosité ne l'empêchât point de les étendre
» d'un bout de l'année jusqu'à l'autre. Il serait mécontent de
» moi s'il apprenait que j'eusse révélé des secrets dont je suis
» le seul qui ait eu connaissance ; aussi ne vous en fais-je la
» confidence que sur ce que je sais que vous ne cherchez pas
» seulement les talents de l'esprit, mais que vous accordez
» plus d'estime encore au mérite du cœur dans un siècle où,
» chez presque tous les hommes, l'amitié est la compagne de
» l'intérêt.
» Je viens de chercher les pièces fugitives de monsieur le
» comte de Cornulier ; j'en ai trouvé une dans le Ve vol. des
» *Lettres sur quelques écrits de ce temps*, p. 143 ; une autre
» dans le Xe vol. p. 22. Si vous vous donnez la peine de les
» chercher, je suis persuadé que vous en serez content. Il a
» aussi composé un traité sur le genre d'écrire qu'on nomme
» *nouvelles*, dans lequel il a rassemblé des choses fort curieuses ;
» mais il l'a enfermé, dit-il, dans son portefeuille pour l'y lais-
» ser mûrir, suivant le précepte d'Horace. Monsieur Titon (Titon
» du Tillet) l'a connu à Paris. Ils s'y voyaient très-souvent, et si
» vous avez besoin de son témoignage, je suis très-persuadé
» qu'il s'accordera entièrement avec le mien. Monsieur de
» Cornulier est de Nantes ; il s'appelle le comte de Cornulier
» du Vernay. »

Dans la séance du 18 décembre 1759, le comte de Cornulier fut reçu d'une commune voix en qualité d'associé étranger ;
sa réception fut remise au 8 mai suivant : il n'était pas alors
à Nancy, mais il avait envoyé sa *Dissertation sur le genre d'écrire
qu'on nomme nouvelles*, qui ne put être lue faute de temps.
Cette séance fut des plus solennelles, et le compte-rendu en a
été imprimée à Nancy, in 4° de 50 pp., veuve Claude Leseure,
1760, sous ce titre : *Discours prononcés dans l'Académie Royale
des sciences et belles-lettres de Nancy, le jeudi 8 mai 1760, jour
de la fête de Saint-Stanislas, par M. le marquis de Paulmy,
ambassadeur en Pologne, et par M. l'abbé Guyot, aumônier de*

monseigneur le duc d'Orléans, lors de leur réception dans ladite
Académie. Suivis de la réponse de M. le comte de Tressan, direc-
teur de l'Académie, aux discours prononcés par le marquis de
Paulmy et par M. l'abbé Guyot et aux remerciements de M. Duri-
val, lieutenant-général de police de Nancy, et de M. le comte de
Cornulier, et dans laquelle il annonce l'élection et la réception de
M. de Buffon, des deux MM. d'Aubenton et de M. de Neuvillé.

Le comte de Tressan dit dans sa réponse : « monsieur *le*
« *comte de Cornulier*, un des hommes de l'Europe les plus pro-
« fonds dans les belles-lettres anciennes et modernes, considé-
« rant tout le pouvoir que les fables milésiennes avaient eu sur
« les Grecs pour les porter à la vertu, et épris des charmes ré-
« pandus dans le Télémaque, dans le Grandisson et dans plu-
« sieurs romans anglais, espagnols et français, s'attache dans
« son discours à trouver les moyens de perfectionnner le fond
« et l'usage de cette agréable partie de la littérature, etc. »

D'après ce qui précède, il faut, dans le *supplément* imprimé
en 1860, supprimer la correction indiquée au bas de la p. 7,
pour la p. 36 de la *généalogie* imprimée en 1847, l. 2, 3 et 4.

Dans le même *supplément*, supprimer, p. 8, l'addition indiquée pour la p. 37, l. 26, de la *généalogie* de 1847.

Toujours dans le même *supplément*, p. 18 : l'addition indiquée pour la p. 199, l. 8, de la *généalogie* de 1847, se rapporte
uniquement au chevalier de Cornulier du Vernay.

Claude-Toussaint-Henri comte de Cornulier, étant mort vers
1750, sans que son acte de décès ait pu être retrouvé aux
archives de la guerre ni ailleurs, son titre passait de droit à
monsieur de Lucinière, son frère cadet, devenu par là l'aîné de
sa branche ; mais celui-ci ne le voulut pas prendre, à cause des
idées parlementaires qu'il avait adoptées, et ce fut son cousin-
germain, le chevalier de Cornulier du Vernay, qui le releva à
son profit ; cette irrégularité avait donné lieu à une confusion
de personnes dans le *supplément* imprimé en 1860.

BARONNIE DE LA ROCHE-EN-NORT.

Retrait féodal de Toulan.

La terre et seigneurie de Toulan était un membre de la châtellenie de La Touche et en même temps une juveigneurie de
Nozay, membre détaché de cette ancienne châtellenie ; à ce
dernier titre, elle relevait, comme elle, en proche fief de la
baronnie de La Roche-en-Nort ; le surplus de la châtellenie
de La Touche était sous la mouvance immédiate du Nozay.
Pour retirer féodalement La Touche, il fallait donc le concours
simultané des deux seigneurs supérieurs : le châtelain de Nozay

et le baron de La Roche-en-Nort; nous allons exposer l'action de ce dernier.

Du 5 août 1718, nous haut et puissant seigneur messire Jean-Baptiste *de Cornulier*, chevalier, seigneur de Lorière, Lucinière, le Meix, le Vernay et autres lieux, baron de la Roche-en-Nort, savoir faisons qu'ayant appris que messire Jean-Paul Hay, seigneur des *Nétumières*, et dame Élisabeth *de Cornulier*, son épouse, auraient vendu la terre et seigneurie de La Touche, en la paroisse de Nozay, dont partie relève de nous en proche fief, à cause de notre dite baronnie de la Roche-en-Nort, à N. H. Joachim Darquistade et Françoise Souché, son épouse, et ayant le droit d'en faire le retrait féodal en notre nom, nous avons par ces présentes donné et accordé la faculté d'en faire le retrait à H. et P. seigneur messire François de Montmorency, chevalier, seigneur de La Rivière d'Abbaretz, Monjonnet et La Vrillière, colonel du régiment de Bresse, et à H et P. dame Émilie-Félicité *de Cornulier*, son épouse, auxquels nous déclarons céder notre droit de retrait sur ladite terre de La Touche, en ce qui relève en proche fief de notre dite baronnie de la Roche-en-Nort, pour l'exercer tout ainsi que nous aurions le droit de le faire, sans préjudice de nos droits seigneuriaux et féodaux que nous réservons. Mandons à nos officiers, sénéchal, alloué, lieutenant et à notre procureur d'office de notre juridiction de la Roche-en-Nort, lorsque le présent leur sera représenté, de consentir pour nous la cession de notre droit de retrait en faveur desdits seigneur et dame de Montmorency, etc. Fait à notre château de Lucinière, en Nort, sous notre seing et le scel de nos armes. Signé : J.-B. de Cornulier, scellé et contrôlé à Nozay, le 6 août 1718.

Du 6 août 1718, assignation de Joachim d'Arquistade et de son épouse à comparoir à la première audience de la juridiction de la baronnie de la Roche-en-Nort, pour y voir adjuger le retrait féodal de partie de la terre et seigneurie de La Touche par eux acquise, à la requête de H. et P. seigneur messire Jean-Baptiste *de Cornulier*, chevalier, seigneur de Lorière, Lucinière, etc., baron de la Roche-en-Nort. Signé : Caneven, sergent de la baronnie de la Roche-en-Nort, résidant à Châteaubriant.

Du 7 août 1718, procuration donnée par H. et P. seigneur François de Montmorency, tant en son nom que comme mari d'Émilie-Félicité *de Cornulier*, à Joseph Pipat, avocat et procureur en la baronnie de la Roche-en-Nort, à l'effet de comparaître pour lui à l'audience de ladite baronnie et d'accepter le transport qui lui est fait par H. et P. seigneur messire Jean-Baptiste *de Cornulier*, seigneur de Lorière et de la baronnie de la Roche-en-Nort, de son droit de retrait féodal ci-dessus, promettant d'en acquitter les obligations vers le sieur d'Arquistade;

de payer audit baron ses droits de lods et ventes ; de tenir de lui la partie de la terre et seigneurie de La Touche qui relève de sadite baronnie, et de lui en faire toutes les obéissances et redevances féodales auxquelles elle est sujette, etc. Signé : Montmorency.

Extrait des registres du greffe de la baronnie de la Roche-en-Nort.

Du 13 août 1718, audience de monsieur le Sénéchal, tenue par monsieur l'Alloué au bourg de Soudan.

Haut et puissant seigneur messire Jean-Baptiste *de Cornulier*, chevalier, seigneur de Lorière, Lucinière, le Meix, le Vernay et autres lieux, baron de cette seigneurie, conseiller au Parlement de cette province, demandeur, contre le sieur Joachim d'Arquistade, et dame Françoise Souché, son épouse, défendeurs.

Yrou, procureur dudit seigneur de Lorière, conclut à ce que le retrait féodal des terres, domaines et seigneuries compris au contrat d'acquet fait, en date du 24 mai dernier, par les défendeurs, d'avec messire Jean-Paul Hay, chevalier, baron de Tizé, seigneur des Nétumières, conseiller au Parlement de Bretagne, et dame Elisabeth *de Cornulier*, son épouse, soit adjugé à mondit seigneur de Lorière. Bauduz, procureur des défendeurs, consent que la demande de retrait féodal requise par monseigneur de cette baronnie, pour ce qui en relève en proche fief, lui soit adjugée, remboursant suivant la coutume. A l'endroit, ledit Yrou, pour ledit seigneur de Lorière, baron de cette Cour, et son procureur fiscal, déclare pour ledit seigneur de Lorière, céder et transporter le retrait féodal de la terre et seigneurie de La Touche en Nozay, qui vient de lui être adjugée, à H. et P. seigneur François de Montmorency, chevalier, seigneur de La Rivière d'Abbaretz, Monjonnet, La Vrillière, colonel du régiment de Bresse, et à H. et P. dame Émilie-Félicité *de Cornulier*, son épouse. Laquelle cession dudit seigneur baron de céans est acceptée par le procureur dudit seigneur de Montmorency. En conséquence, etc., signé: G. Simon, greffier.

Du 2 décembre 1719, judiciellement en l'audience de la baronnie de la Roche-en-Nort, des plaids généraux d'icelle, tenue par monsieur l'Alloué, au bourg de Louisfert, a comparu maître Joseph Pipat, procureur de H. et P. seigneur François de Montmorency, chevalier, seigneur de La Rivière d'Abbaretz, etc., et de H. et P. dame Emilie-Félicité *de Cornulier*, son épouse, comme étant aux droits de messire Jean-Baptiste *de Cornulier*, chevalier, seigneur de Lorière, baron de cette Cour, rétrayant suivant le contrat de vente fait par dame Élisabeth *de Cornulier*, dame des Nétumières, le 24 mai 1718, à Joachim Darquistade, de la châtellenie de La Touche en Nozay, moyennant 89,000¹, de laquelle somme il en relève 12,500¹ de cette baronnie. Vu la prise de possession faite par le sieur Darquistade le 14 juin 1718; le retrait féodal fait par messire Jean-Baptiste de Cornulier, chevalier, seigneur de cette Cour, lui adjugé par sentence du 13 août 1718; la cession qu'il en a faite audit seigneur de Mont-morency; les bannies faites aux issues des grandes messes de la paroisse de Nozay, les 15, 22 et 29 octobre dernier, etc. De tout quoi a été décerné acte pour servir d'appropriement. Signé : G. Simont, greffier.

On voit, par ce qui précède que la Cour de la Roche-en-Nort tenait ses audiences tantôt dans un lieu, tantôt dans un autre; l'extrême morcellement de ses fiefs, dont nous avons donné la principale nomenclature, t. 1ᵉʳ, p. 189, l'obligeait à avoir une juridiction ambulante pour la commodité de ses vassaux dis-persés sur une grande surface de pays.

Le nom de la Roche-en-Nort fut retenu dans la maison de la Roche-Giffard longtemps après qu'elle eût vendu cette baronnie; c'est ainsi que Charles-César *de La Chapelle*, fils de César et de Jeanne Augé, né à Paris le 17 août 1718, entré comme volon-taire dans Brabançon cavalerie en 1741, puis officier au régi-ment de Noé, (devenu plus tard régiment de Bourbon,) de 1742 à 1772, chevalier de Saint-Louis, n'est porté sur les États mili-taires de l'époque que sous le seul nom *de La Roche-en-Nort*.

VIIᵉ DEGRÉ.

Du 7 mai 1718, lettres à fin de requête civile obtenues par Claude-Jean-Baptiste *de Cornulier*, chevalier, seigneur de La Roche-en-Nort, exposant que Jean-Baptiste *de Cornulier*, cheva-lier, seigneur de Lorière, son père, conseiller au Parlement de Bretagne, aurait vendu à Jean Binet, chevalier, seigneur de La Blottière, et à dame Anne Le Borgne, son épouse, les terres et seigneuries du Pesle et de La Grande-Haye, par contrat du 24 décembre 1709. Qu'il se serait rendu une sentence d'ordre au Présidial de Nantes, le 22 juin 1712, dans laquelle l'exposant fut colloqué comme premier créancier de son père, pour le paiement des deniers dotaux de dame Françoise Dondel, sa mère, se montant en principal à 72,000¹, etc.

Du 27 avril 1721, transaction entre messire Michel Le Lou, chevalier, seigneur de La Motte-Glain, et messire Jean-Baptiste-Gaston Le Lou, chevalier, seigneur de La Chapelle-Glain, enfants et héritiers de feu messire Michel Le Lou, chevalier, seigueur de La Motte et de La Chapelle-Glain, d'une part; et messire Claude-Jean-Baptiste *de Cornulier*, chevalier, seigneur de Lorière, Lucinière, etc., héritier principal et noble de défunt messire Jean-Baptiste *de Cornulier*, conseiller au Parlement de Bretagne, demeurant à son château de Lucinière, paroisse de Nort, d'autre part : au sujet des contestations qu'ils avaient eues pour le rachat de La Motte-Glain, relevant en partie de la baronnie de La Roche-en-Nort, et sur lesquelles un arrêt du Parlement de Paris, du 23 août 1696, avait déjà prononcé. Signé : Michel Le Lou de La Motte-Glain, Jean-Baptiste-Gaston Le Lou de La Chapelle-Glain, Claude-Jean-Baptiste de Cornulier. Forget, notaire royal à Nantes.

Du 27 août 1723. *Arrêt du grand conseil du Roi.* Louis, par la grâce de Dieu, Roi de France et de Navarre : à tous ceux qui ces présentes lettres verront, salut. Savoir faisons comme par arrêt ce jourd'hui donné en notre grand conseil, entre notre cher et bien-amé Jean Binet, sieur de La Blottière, grand bailly d'épée au comté de Nantes, et dame Anne Le Borgne, son épouse, d'une part; et notre cher et bien-amé Claude-Jean-Baptiste *de Cornulier*, comte, baron de La Roche-en-Nort, d'autre part; etc., signé par le Roi, à la relation des gens de son grand conseil, Verduc.

Claude-Jean-Baptiste *de Cornulier* s'étant démis de tous ses biens en faveur de ses enfants, par acte du 28 août 1737, au rapport de Tuemoine et Soyer, notaires royaux à Rennes, sa femme et lui ne furent plus connus depuis lors que sous le nom *de Lorière*, tous ses titres ayant passé, en vertu de cet acte, à son fils aîné, comme s'il fût mort réellement, car la démission a toujours été en Bretagne un acte irrévocable, qui donnait la succession complète et définitive : *effectum suum sortitur præsenti die, sine expectatione mortis*, dit d'Argentré.

Du 7 novembre 1772, acte d'échanges de terrains en la paroisse de Brains, consenti par demoiselles Anne-Marie, Marcuise-Edmée et Félicité *de Cornulier* de Lorière, demeurant à Nantes. Thierry, notaire au Pellerin.

Du 12 janvier 1780, déclaration faite au bureau des domaines du Pellerin par monsieur *de Cornulier* de Lucinière, conseiller au Parlement de Bretagne, relativement au centième denier d'une rente foncière de 500^l hypothéquée sur la terre du Pesle, en Brains, à lui échue par la mort de demoiselle Félicité *de Cornulier*, sa sœur, arrivée le 7 janvier 1778.

Du 10 juin 1783, déclaration faite au bureau des domaines

du Pellerin par messire Jean-Baptiste-Benjamin *Cornulier* de Lucinière, conseiller au Parlement de Bretagne, où il dit que, par
la mort de demoiselle Anne-Marie-Elisabeth *de Cornulier* de
Lorière, sa sœur, arrivée le 15 janvier 1783, il lui est échu
collatéralement la terre de Lorière, en la paroisse de Brains,
consistant en 200 journaux environ, composée de trois métairies affermées 260¹ chacune, un jardin, château, bois de décora-
tion et autres et petites prairies valant 150¹ de produit annuel ;
enfin en différents clos de vignes, dont un à la main et le surplus au tiers, produisant de revenu annuel environ 800¹ ;
laquelle terre est estimée valoir de fond 36,600¹. Signé : Cornulier de Lucinière.

BRANCHE DE MONTREUIL.

Vᵉ DEGRÉ.

Du 1ᵉʳ mars 1649, contrat de constitution de 562ˡ.10ˢ de rente, au capital de 9,000ˡ, consenti au profit de messire Philippe *de Cornulier*, chevalier, seigneur de Montreuil, demeurant à Nantes, paroisse Saint-Laurent, par messire Pierre du Boisorhant, chevalier, et dame Françoise Fradin, son épouse, sieur et dame du Boisjolly, La Rigaudière, etc., et par messire Olivier de Chevigné, chevalier, seigneur de La Sicaudais, et dame Louise du Boisorhant, son épouse. Et a ledit sieur de Cornulier déclaré que ladite somme de 9,000ˡ est partie des deniers dotaux de la dame sa compagne, provenant du franchissement lui fait par la dame de La Barrillière du Bot. Signé : Philipes de Cornulier. Belon, notaire royal à Nantes. Et quittance de remboursement signée dudit Philippe de Cornulier le 11 mars 1653.

Du 30 janvier 1663, transport de rente fait par messire Philippe *de Cornulier*, seigneur de Montreuil, et dame Jeanne Garnier, son épouse. Signé : Philipes de Cornulier, Jeanne Garnier. Belon, notaire royal à Nantes.

Du 1ᵉʳ juin 1666, acte de partage des biens de la succession de défunt noble, vénérable et discret messire Pierre Le Din, recteur de la paroisse de Belligné, évêché de Nantes, entre messire Philippe *de Cornulier*, chevalier, seigneur de Montreuil, et dame Jeanne Garnier, son épouse, héritiers pour les trois quarts en ladite succession ; et noble et discret messire Antoine Adron, prêtre, chantre de l'église de la Trinité d'Angers, faisant tant pour lui que pour Jeanne Adron, sa sœur, héritiers pour l'autre quart dudit sieur Le Din. Lesquels ont déclaré avoir ci-devant partagé tous les biens dépendant de ladite succession, en ce qu'il y en avait en la province d'Anjou, au désir du partage fait devant de Leville, notaire royal en la paroisse de Chastelays en Anjou, en 1662, en sorte qu'il ne leur reste plus à partager que les biens sis en Bretagne. Lesdits sieurs et dame de Cornulier en qualité d'héritiers de feu N. H.

François Garnier, sieur de La Repenelaye, oncle de ladite dame : lesdits Adron, en qualité d'héritiers de René Adron, leur père. Signé : Philipes de Cornulier, Jeanne Garnier, Adron. Lebreton, notaire royal à Nantes.

Du 1er mars 1667, constitution de rente consentie par messire Philippe *de Cornulier*, chevalier, seigneur de Montreuil, demeurant à Nantes, paroisse Saint-Laurent, et par messire Pierre *de Cornulier*, chevalier, seigneur de Lorière, Brains, etc., demeurant aussi à Nantes, paroisse Sainte-Radégonde ; au rapport de Lebreton, notaire royal à Nantes. Ladite constitution franchie le 13 décembre 1669 par ledit Philippe de Cornulier, tant en son nom qu'en celui de son défunt frère.

Du 28 mai 1677, procuration donnée devant les notaires de la baronnie de La Roche-en-Nort ; à la résidence du bourg de Nort, par messire Philippe *de Cornulier*, seigneur de Montreuil, de présent à sa maison de Montreuil, paroisse de Nort, à dame Jeanne Garnier, son épouse, pour contracter un emprunt.

Extrait des registres de la paroisse de Nort.

Le 7 octobre 1685, a été marraine demoiselle Charlotte *de Cornulier*.

VIᵉ DEGRÉ.

Du 17 décembre 1677, consentement donné par messire Claude *de Cornulier*, chevalier, seigneur de Montreuil, demeurant à Nantes, paroisse Saint-Laurent, à ce que dame Françoise-Josèphe du Plessier, veuve de défunt messire Pierre *de Cornulier*, chevalier, seigneur de Lorière, tutrice de leurs enfants mineurs, prenne sur les biens de messire Jean-Baptiste *de Cornulier*, l'un desdits mineurs, la somme de 1,600ˡ pour l'employer aux nécessités de son dit fils. Signé : Claude de Cornulier. Lebreton, notaire royal à Nantes.

Du 24 novembre 1684, contrat de vente de l'office de conseiller du Roi, maître ordinaire en la Chambre des Comptes de Bretagne, consentie par écuyer Julien Le Meneust, seigneur des Islettes et de Saint-Thomas, à messire Claude *de Cornulier*, chevalier, seigneur de Montreuil, demeurant à Nantes, paroisse Saint-Léonard, ou à telle autre personne que ledit sieur de Cornulier désignera, moyennant le prix de 56,000ˡ : savoir 49,600ˡ pour la charge ancienne et 6,400ˡ pour les nouveaux gages. Laquelle somme ledit sieur de Cornulier paiera le 1er jan-

vier prochain. Signé : Meneust des Illestes, Claude de Cornulier·
Lebreton et Lemerle, notaires royaux à Nantes.

Du 25 novembre 1684, contrat de mariage entre messire
Claude *de Cornulier*, chevalier, seigneur de Montreuil et autres
lieux, fils aîné, héritier principal et noble de défunts messire
Philippe *de Cornulier*, chevalier, seigneur de Montreuil, et de
dame Jeanne Garnier, son épouse ; et demoiselle Marie-Marguerite Le Meneust, fille d'écuyer Julien Le Meneust, seigneur des
Islettes et de Saint-Thomas, maître des Comptes de Bretagne, et
de défunte dame Julienne Bureau, sa première épouse. Ladite
demoiselle se marie avec tous les droits à elle échus de la
succession de sa défunte mère ; le futur lui assigne 1,500¹ de
douaire. Signé : Meneust des Illestes, Claude de Cornulier, J.
B. de Cornulier, Charlotte de Cornulier, Jeanne Rogues, J. B.
de Cornulier du Pesle, Louise Raguideau, Jan-Baptiste des
Vaulx. Lebreton, notaire royal à Nantes. Le 26 novembre 1684,
ratification du précédent contrat par demoiselle Marie-Marguerite Le Meneust, autorisée de son père, demeurant à la maison
conventuelle des dames religieuses Bénédictines de la ville de
Clisson, paroisse de la Trinité ; passé à la grille du parloir dudit
couvent et signé : Marie-Marguerite Meneust, Claude de Cornulier. Gaultier et Lebreton, notaires royaux à Nantes.

Du 19 décembre 1684, contrat d'acquet du lieu et maison
noble de Longlée, avec chapelle et droit de pêche en la rivière
d'Erdre ; du lieu et maison noble du Fayau, avec droit de haute,
moyenne et basse justice ; du lieu et maison noble du Coudray,
avec droit de H. M. et B. Justice ; des métairies de la Pigeon-
nerie, de la Boullinière, du Houssay et de la Ferrière ; du droit
de banc et enfeu en la chapelle de N. D. de l'église paroissiale
de Nort, etc. Le tout situé en ladite paroisse de Nort, vendu
par messire Joseph de Montullé, conseiller au Parlement de
Paris, et dame Agnès Bonnard, son épouse, à messire Claude
de Cornulier, seigneur de Montreuil, moyennant le prix de
40,000¹, y compris les meubles et cheptels qui s'y trouvent, avec
faculté de réméré pendant neuf ans. Signé : de Montullé, Claude
de Cornulier. Lebreton, notaire royal à Nantes.

Du 7 janvier 1686, contrat de constitution de 333¹ 10ˢ 8ᵈ de
rente, au capital de 6,000¹, emprunté par messire Claude *de
Cornulier*, seigneur de Montreuil, pour payer une partie de
son acquet de la terre et seigneurie de Longlée et dépendances ; ledit prêt fait par écuyer Julien Le Meneust, seigneur
des Islettes et de Saint-Thomas, maître des Comptes de Bretagne, son beau-père. Signé : Claude de Cornulier, des Islettes
Meneust. Lebreton, notaire royal à Nantes.

Du 5 mars 1686, ferme de cinq ans consentie par messire

Claude *de Cornulier*, chevalier, seigneur de Montreuil, Longlée, etc., pour le lieu de La Gandonnière, en Vallet, moyennant 600¹ par an.

Du 14 septembre 1686, sentence arbitrale entre messire Claude *de Cornulier*, seigneur de Montreuil, et écuyer Nicolas Bachelier, seigneur du Pinier, ancien conseiller au Présidial de Nantes ; au sujet du traité de l'office de maître des Comptes acquis par ledit sieur du Pinier dudit seigneur de Cornulier pour et en faveur du seigneur de Bercy, par acte du 15 mars dernier.

Du 5 juillet 1707, contrat de mariage entre messire René Boux, chevalier, seigneur de Saint-Mars, fils aîné, principal et noble de messire Julien Boux, chevalier d'honneur au siége Présidial de Nantes, et de dame Marie Baudoin, son épouse, sœur et héritière de feu René Baudoin, seigneur de Casson ; et damoiselle Marie-Eufrasie-Scholastique *de Cornulier*, fille de défunts messire Claude *de Cornulier*, chevalier, seigneur de Montreuil, lieutenant de nos seigneurs les maréchaux de France au comté nantais et de dame Marie-Marguerite Le Meneust, son épouse. Le futur assisté et autorisé de ses père et mère, et la future de messire Jean-Baptiste *de Cornulier*, chevalier, seigneur du Boismaqueau, président d'honneur en la Chambre des Comptes de Bretagne, son curateur particulier. Le mariage de ladite demoiselle de Cornulier, mineure, décrété par le Présidial de Nantes ce jour 5 juillet.

En considération duquel mariage, messire Claude *de Cornulier*, chevalier, seigneur de Montreuil, fils aîné, héritier principal et noble d'esdits défunts seigneur et dame de Montreuil, demeurant à Nantes, paroisse Saint-Léonard, donne et assigne à ladite demoiselle, sa sœur, future épouse, laquelle est prise avec ses droits dans les successions de ses défunts père et mère, la somme de 60,000¹, en attendant partage. Savoir : 1° 27,970¹ dus en principal et intérêts par messire Jean-Baptiste *de Cornulier*, chevalier, seigneur de Lorière, conseiller au Parlement de Bretagne, dont le principal est de 12,875¹ 11ˢ et le surplus en intérêts échus au 12 juin dernier, en vertu de transaction et partage des biens de la succession de défunt messire Claude *de Cornulier*, seigneur de Lucinière, abbé du Hézo et de Blanche-Couronne, fait devant Belon le 12 mars 1682. Et comme ledit seigneur de Montreuil et messire Claude *de Cornulier*, chevalier, son frère puîné, aussi sur ce présent, ne souhaitent pas que partie de cette créance demeure infructueuse à ladite demoiselle leur sœur, ils promettent lui fournir annuellement le revenu au denier 20 de la somme de 15,094¹ 9ˢ à quoi montent les intérêts échus de ladite créance, qui sera par an 754¹ 14ˢ 6ᵈ, dont sera fait raison sur les biens de la succession commune en faisant le partage ; 2°, le restant dû sur le prix d'une maison et jardin au faubourg Saint-Clément, vendus le 18 juin 1683 par ledit défunt seigneur de Cornulier et la demoiselle sa sœur ; 3° la maison noble de La Gandonnière et dépendances, en la paroisse de Vallet, pour 10,000¹, etc. Le tout faisant la somme de 60,600¹. La future aura 2,500¹ de douaire, s'il n'y a pas d'enfants, et 2,000¹ s'il y en a, ou le douaire coutumier à son choix.

Lesdits seigneur et dame Boux marient leur fils aîné comme héritier principal et noble et lui donnent par avancement de droits successifs la terre et seigneurie de Saint-Mars-de-Coutais avec toutes ses dépendances, les métairies embestiées, et tout ce qui peut leur être dû pour restes de fermes, rachats, lods et ventes, etc., et en outre une somme de 70,000¹. De plus, au décès du premier mourant des père et mère du futur époux, lui sera donné la somme de 30,000¹.

Le seigneur de Montreuil aîné, procédant sous l'autorité de Michel Bizeul de La Gravaudière, procureur du Roi de la Monnaie de Nantes ; le chevalier de Cornulier, son frère, sous celle du seigneur du Boismaqueau, leurs curateurs particuliers. Signé : Marie-Euphrasie-Scholastique de Cornulier, René Boux de Saint-Mars, Boux, Marie Baudoin, J.-B. de Cornulier, R. Hay de Cornulier, Cornulier de Montreuil, Cornulier, Louis-Charles Boux, Armand Robin d'Estréans, François Boux de Louvrardière, Bizeul, Cl. de Cornulier, N. Cosnier, des Treilles Le Meneust, grand archidiacre de Rennes, François Bachelier de Bercy, de Barberé, Bizeul, chevalier de La Guillonnière, de Saint-Pern. Leray et Lebreton, notaires royaux à Nantes.

Du 10 septembre 1707, ferme de cinq ans de la maison, terre et dépendances de Saint-Thomas, en la paroisse de Saint-Etienne-de-Montluc, consentie à Michel Le Houx, marchand, moyennant le prix de 770¹ par an, par messire Claude *de Cornulier*, chevalier, seigneur de Montreuil et autres lieux, lieutenant de nos seigneurs les maréchaux de France, demeurant à Nantes, rue des Cordeliers, paroisse de Saint-Léonard. Signé : Cornulier. Lebreton, notaire royal.

Du 20 février 1713, contrat de constitution de rente consentie par messire Claude *de Cornulier*, chevalier, seigneur de Montreuil et autres lieux, demeurant ordinairement à son château de Montreuil, paroisse de Nort. Signé : de Cornulier Montreuil. Chevrier et Lepelletier, notaires royaux à Nantes.

Du 20 février 1713, sentence arbitrale rendue par messire Guy Poulain, chevalier, seigneur de Grée, maître des Comptes de Bretagne, et Michel Bizeul de La Gravaudière, avocat en Parlement, conseiller, procureur du Roi au siége des Monnaies de Nantes, arbitres convenus, entre : messire Claude *de Cornulier*, seigneur de Montreuil, fils aîné, H. P. et N. de messire Claude *de Cornulier*, vivant aussi chevalier, seigneur de Montreuil, lieutenant des maréchaux de France au comté nantais, qui fils était de Philippe *de Cornulier*, aussi chevalier, seigneur de Montreuil, et de Jeanne Garnier, qui fille était de N*** Garnier et de Claudine Cohon, qui était sœur et héritière en partie de vénérable et discret messire Sébastien Cohon, Scholastique de Nantes, d'une part. Et écuyer Sébastien Cohon, auditeur des Comptes de Bretagne, en son nom et comme procureur spécial de dame Bernardine Armenaud, sa mère, d'autre part.

Extraits des registres de la paroisse de Nort.

Le 27 mars 1686, ont été parrain et marraine messire Claude *de Cornulier*, chevalier, seigneur de Montreuil et de Longlée, et dame Françoise Dondel, compagne de messire Jean-Baptiste *de Cornulier*, conseiller au Parlement de Bretagne, seigneur de Lorière, Lucinière, etc.

Le 13 octobre 1686, a été baptisé Claude, fils de messire Claude *de Cornulier*, et de dame Marguerite Meneust. Parrain, noble et discret messire Nicolas Cosnier, diacre ; marraine, demoiselle Françoise Le Segaler.

Extraits des registres de la paroisse de Saint-Laurent de Nantes.

Le 23 juin 1685, a été baptisé René, fils d'écuyer Julien Le Meneust, conseiller du Roi, maître ordinaire des Comptes de Bretagne, et de dame Marie-Thérèse Charier, sa compagne. Parrain, écuyer Pierre Le Meneust, seigneur des Treilles ; marraine, dame Marguerite Le Meneust, compagne de messire Claude *de Cornulier*, chevalier, seigneur de Montreuil, La Gazoire, etc.

Le 25 juin 1692, j'ai inhumé, dans l'enfeu de Saint-Laurent, le corps de défunte dame Marguerite Meneust, âgée de 30 ans environ, compagne de messire Claude *de Cornulier*, seigneur de Montreuil, décédée dans la paroisse de Saint-Léonard.

Extrait des registres de la paroisse de Saint-Clément de Nantes.

Le 1er janvier 1699, a été parrain d'une cloche nouvellement fondue messire Claude *Cornulier*, chevalier, seigneur de Montreuil, lieutenant des maréchaux au Comté de Nantes ;

et a été marraine dame Anne-Marie Douard, femme de messire Claude *Cornulier*, président en la Chambre des Comptes
de Bretagne.

Julien LE MENEUST, écuyer, seigneur des Islettes et de Saint-
Thomas, reçu maître des Comptes le 28 novembre 1673, mourut
à Nantes, à l'âge de 65 ans, le 24 avril 1694. Il s'était marié
deux fois ; en premières noces, avant 1660, à Julienne Bureau,
fille unique de Jean Bureau, seigneur des Nouelles, comme on
l'a déjà dit t. 2, p. 243, dont il eut: Marie-Marguerite Le
Meneust, mariée en 1684, à Claude *de Cornulier*, seigneur de
Montreuil. Julien Le Meneust avait épousé en secondes noces,
vers 1683, Marie-Thérèse Charrier, fille de Toussaint Charrier,
seigneur de La Dernelière, dont il eut : Marie Le Meneust, née
le 14 janvier 1686, et mariée en 1702 à François Boux, seigneur de Louvrardière. Marie-Thérèse Charrier était alors re-
mariée avec Louis Le Lou, seigneur de La Mercredière ; elle en
eut des enfants et vivait encore en 1723.

Les Le Meneust des Islettes et ceux de Loisellière appartenaient à la même famille que les seigneurs des Treilles, présidents en la Chambre des Comptes, et de Bréquigny, présidents
à mortier au Parlement de Bretagne, mais ils en étaient séparés
avant 1577, date de l'anoblissement de ces derniers. Ils portaient comme eux: *d'or à la fasce de gueules, chargée d'un léo-*
pard d'argent et accompagné de trois roses de gueules.

VIIᵉ DEGRÉ.

Du 26 avril 1718, contrat de mariage de messire Claude *de*
Cornulier, chevalier, seigneur de Montreuil, Longlée, La Gazoire et autres lieux, fils aîné, héritier principal et noble de
défunts messire Claude *de Cornulier*, et de dame Marie Le
Meneust, ses père et mère, demeurant à Nantes, rue des Cordeliers, paroisse Saint-Léonard ; avec demoiselle Charlotte Le
Tourneulx, fille aînée, H. P. et N. de défunt écuyer Christophe
Le Tourneulx, seigneur de Sens, et de dame Charlotte de La
Bourdonnaye, sa veuve. Ladite future assistée de sa dite mère
et tutrice, mariée en conséquence du décret du sénéchal de la
juridiction de la commanderie de Saint-Jean et Sainte-Catherine
du 22 du présent mois, attendu sa minorité : elle reçoit 40,000ˡ
en avancement de ses droits successifs, et le futur lui assigne
3,000ˡ de douaire s'il n'y a pas d'enfants et 1,500ˡ seulement
s'il y en a. Signé : Charlotte Le Tourneulx, de Cornulier
Montreuil, Charlotte de La Bourdonnaye, Marie Cornulier,
Françoise Le Tourneulx, Marie Le Tourneulx, Cl. Le Tour-

neulx, Marie-Marguerite Cosnier de La Bottinière, Marie
Proust, François Boux de Louvrardière, B. Le Tourneulx,
G. Cosnier de La Bottinière. Garnier et Gendron, notaires
royaux à Nantes.

Du 22 avril 1720, offre judiciaire. de la somme de 26,000¹
faite par messire Claude *de Cornulier*, chevalier, seigneur de
Montreuil, La Gazoire, etc., et dame Charlotte Le Tourneulx, son
épouse, demeurant à leur château de Montreuil, paroisse de
Nort, à écuyer Charles Poullain, sieur de Bouju, conseiller du
Roi, professeur de droit à l'université de Nantes, à valoir sur le
remboursement de ce que ledit sieur Bouju a déboursé pour
l'acquet de la terre de La Chauvinière, sur lui retirée par jugement de ce jour.

Du 16 septembre 1720, sentence arbitrale rendue entre messire Claude *de Cornulier*, chevalier, seigneur de Montreuil, La
Gazoire, Longlée, Fayau, Le Coudray, etc., et Louis du Chaffaux, fermier des terres de La Gazoire et de Longlée, en conséquence du compromis signé par eux le 21 novembre 1714.
Louis du Chaffaux avait pris à ferme, par bail du 17 octobre
1710, la terre de La Gazoire, à raison de 600¹ par an, et celle de
Longlée, à raison de 500¹; ce bail lui avait été consenti par le
défunt seigneur de Montreuil, frère du demandeur. Celui-ci
avait fait résilier le bail pour cause de divertissement des
cheptels, de non façons de vignes, d'abats de bois et autres
dommages qu'il s'agissait de régler. Le fermier demandait
une indemnité pour la privation de sa jouissance, le remboursement de sommes considérables, s'élevant jusqu'à 4,800¹,
qu'il avait avancées au défunt seigneur de Montreuil; enfin,
il prétendait qu'il lui était dû 1,500¹ pour prix de vin,
viandes, beurre, etc., qu'il aurait fournis audit feu seigneur de
Montreuil, lorsqu'il venait faire des parties de pêche à Longlée
et qu'il y amenait de la compagnie; fournitures dont le frère
survivant affirmait n'avoir aucune connaissance.

Du 10 mai 1721, contrat de constitution de 252¹ de rente au
denier 50, moyennant 13,100¹ de capital, consentie à dame
Charlottte de La Bourdonnaye, veuve d'écuyer Christophe Le
Tourneulx, seigneur de Sens, auditeur aux Comptes de Bretagne, par messire Claude *de Cornulier*, chevalier, seigneur de
Montreuil, etc. Par le même acte, ledit seigneur de Cornulier
transporte à ladite dame de Sens 7,000¹ de principal, faisant
partie de celles de 12,875¹ 11ˢ de principal de retour de partages, due audit seigneur de Montreuil, comme héritier de feu
messire Claude *de Cornulier*, chevalier, seigneur de Montreuil,
son père, qui héritier était de demoiselle Charlotte *de Cornulier*,

9

sa sœur, tante dudit seigneur comparant, par messire Jean-Baptiste *de Cornulier*, chevalier, seigneur de Lorière, conseiller au Parlement de Bretagne, des biens de la succession de défunt messire Claude *de Cornulier*, vivant seigneur de Lucinière, abbé commendataire de Blanche-Couronne et du Hézo, en date du 12 mars 1682, au rapport de Petit et Belon. Le franchissement de laquelle somme de 7,000¹ ladite dame de Sens recevra de messieurs les enfants et héritiers dudit seigneur de Lorière Cornulier, attendu qu'il est exigible. Et pour garantie de la rente totale de 600¹ créée en faveur de la dame de Sens, ledit seigneur de Cornulier lui délègue les fermages de sa maison et terre de La Chauvinière, en la paroisse de Saint-Herblain, qui s'élèvent à pareille somme de 600¹. Et a ladite dame de Sens expressément réservé les droits qu'elle a sur ladite maison de La Chauvinière vers monsieur le président de La Bourdonnaye, son frère, pour raison de son partage. Signé : Charlotte de La Bourdonnaye, de Cornulier Montreuil. Forget, notaire royal à Nantes.

Du 7 au 11 novembre 1723, procès-verbal des réparations à faire et de l'état des lieux du château de Montreuil et de ses dépendances, en la paroisse de Nort, fait à la requête de Louis Poligné, adjudicataire du bail à ferme des maisons, terres et héritages dépendant de la succession bénéficiaire de feu messire Claude *de Cornulier*, vivant chevalier, seigneur de Montreuil et autres lieux, lieutenant des maréchaux de France. Ledit bail lui adjugé en l'audience des baux à ferme du siége Présidial de Nantes le 28 août dernier. La dame Charlotte Le Tourneulx, veuve dudit défunt seigneur de Cornulier Montreuil, renonçante à leur communauté, créancière en sa succession, tutrice des enfants de leur mariage, héritiers bénéficiaires dudit feu seigneur de Montreuil, leur père. En présence de Charlotte de La Bourdonnaye et de la dame veuve Le Tourneulx de Cornulier. Les experts disent que le manoir de Longlée menace ruine depuis longtemps ; que le château de Montreuil est lui-même dans un grand état de délabrement, ainsi que toutes les métairies en dépendantes, qui sont celles du Chaffaud, du Fayau, de La Ferrière, de La Bouinelière, du Coudray, de La Cosnière, de La Bussonnière, de Pouvrau ; les moulins de Gallichet et de Fayau.

Du 2 juillet 1731, contrat de constitution de rente consentie par messire Pierre de Cadaran, chevalier, seigneur de Saint-Mars-du-Désert, au profit de dame Charlotte Le Tourneulx, veuve de feu messire Claude *de Cornulier*, chevalier, seigneur de Montreuil, Longlée et autres lieux, lieutenant des maréchaux de France. Forget, notaire royal à Nantes.

LE TOURNEULX.

I. Gilles Le Tourneulx, fils de Laurent et de Renée Erraud, épousa Françoise Boucaud, dont il eut :

II. François Le Tourneulx, seigneur de Belair, auditeur des Comptes en 1646, épousa Marie Juchault, fille de Claude Juchault, seigneur du Perron, auditeur des Comptes, et de Louise Simon ; il en eut quatre enfants, savoir :

1° Christophe Le Tourneulx, seigneur de Sens, reçu auditeur des Comptes en 1687, épousa Charlotte de La Bourdonnaye de Coëttion, sœur du président de La Bourdonnaye, dont il eut deux filles : Charlotte Le Tourneulx, mariée en premières noces, en 1718, à Claude *de Cornulier*, seigneur de Montreuil ; et en secondes noces, en 1734, à Pierre Picaud, seigneur de La Pommeraie ; et Françoise Le Tourneulx, mariée en 1729 à Charlemagne *de Cornulier*, seigneur de La Caraterie.

2° Claude Le Tourneulx, seigneur de l'Epronnière, en Saint-Donatien, auditeur des comptes en 1679, épousa Françoise Martin, dont il eut Bonaventure et Prudence Le Tourneulx.

Bonaventure Le Tourneulx, seigneur de l'Epronnière, épousa en 1719 Louise Luzeau, dont il eut : Claude Bonaventure Le Tourneulx, seigneur de l'Epronnière, marié en 1769 avec Marie-Françoise Marchand, américaine.

Prudence Le Tourneulx épousa Bonaventure Guy, seigneur de Mareil, dont elle eut : Bonaventure Guy, seigneur de Mareil, marié avec demoiselle Espivent de la ville Boisnet.

3° Marie le Tourneulx épousa, en 1696, Julien Proust, seigneur du Port-la-Vigne, maire de Nantes de 1693 à 1715, dont elle eut un fils et deux filles, savoir :

Charles-Joseph-Julien Proust, seigneur de La Gironnière, maître des Comptes de Bretagne en 1725, marié en 1729 avec Anne-Françoise Bonnet, dont il eut : Hilarion Charles Proust, maître des Comptes en 1766, marié le 14 mai 1767 avec Jeanne-Marie Charet. (Voyez t. 2, p. 298).

Marie-Gabrielle Proust, mariée en 1724 à Vincent de Tanouarn, seigneur du Chastel, dont : Charles de Tanouarn, qui épousa en 1758 Madeleine de Talhouet de Brignac, et Louis-Marie, chevalier de Tanouarn.

Claire-Bonne Proust, mariée en 1731 à Jean-François de Ménardeau, seigneur de Maubreuil. (Voyez t. 2, p. 188).

4° Bonne Le Tourneulx, mariée à Guillaume Paulus, seigneur du Fonteny, dont elle eut : demoiselle Paulus, mariée à Jean Ballet, seigneur de La Chenardière, reçu président en la Chambre des Comptes de Bretagne en 1706. De ce mariage vint demoiselle Ballet, mariée à Paris à monsieur de Dromenil, et morte sans postérité.

Le Tourneulx porte : *d'or à trois hures de sanglier de sable, défendues et allumées de gueules.*

FIN.

TABLE ALPHABÉTIQUE

DES MATIÈRES

ET

DES NOMS DE LIEUX & DE PERSONNES

Mentionnés dans les trois volumes de preuves

DE LA

GÉNÉALOGIE DE LA MAISON DE CORNULIER

Imprimés en 1847, 1860 et 1863.

OBSERVATIONS :

La lettre A indique le 1er volume, imprimé en 1847.
La lettre B indique le 2e volume, imprimé en 1860.
La lettre C indique le 3e volume, imprimé en 1863.

Les noms de familles sont en romain ordinaire.
Les noms de terres sont en *italique ordinaire*.
Les articles relatifs aux familles sont en PETITES CAPITALES.
Les articles relatifs aux terres sont en caractères renversés.

Les numéros de pagination qui renvoient aux articles les plus importants sont entre parenthèses.

TABLE ALPHABÉTIQUE.

CORNULIER (DE) : *Chevalier* (branche aînée). A, 82, 113, 114, 118, 126, 131, 151. B, 11, 132, 136, 139 152, 225. C, 24, 30, 31, 36.

(Branche du Boismaqueau). A, 134, 135, 137, 139, 140, 143. B, 152, 155, 183, 225. C, 36, 44, 70 à 74, 76 à 79, 81 à 84, 111, 112, 125.

(Branche de la Caraterie). A, 156, 158. B, 180, 181, 183, 184, 186, 187, 189. C, 46, 86 à 88, 90 à 94, 113.

(Branche de Lucinière). A, 99, 131, 136, 171, 172, 174, 178 à 180, 184, 186 à 191, 199 à 201, 204, 205, 220. B, 11, 16 à 19, 215, 216, 223 à 225, 234 à 236, 241, 242, 247, 249, 250, 252, 261. C, 44, 65, 78, 101, 102, 104, 107 à 114, 117 à 120, 123, 125

(Branche de Montreuil). A, 180, 181. B, 17, 225, 236, 243. C, 44, 102, 122 à 130.

——— *Haut et Puissant.* (Branche aînée). A, 114, 115, 117, 128, 134, 137, 143, 193. B, 11, 18, 139, 151, 152, 180, 234. C, 24, 28, 29, 30, 35, 36, 44, 45, 47, 66 à 69, 82.

(Branche du Boismaqueau). A, 143. B, 19, 151, 159, 164. C, 45, 82, 83, 84.

(Branche de Lucinière). A, 204, B, 17. C, 117, 118.

(Branche de Montreuil). A, 179.

——— *Châtelain de la Touche.* A, 101. B, 131, 132. C, (17), 21, 24.

——— *Châtelain de Châteaufremont.* B, 136, 137.

——— *Châtelain de Vair.* B, 137.

——— *Châtelain de Jasson et Malnoë.* A, 190.

——— *Vicomte de Rezé.* A, 87.

——— *Baron de Châteaufremont.* A, 114. C, 27, 29, 30, 36.

——— *Baron de Lanvaux.* C, 39, 40, 58 à 62, 66, 81.

——— *Baron de Quintin-en-Vannes.* A, 144. C, 66, 81, 84.

——— *Baron de Montrelais.* A, 124 à 126, 128, 131, 133, 137, 143, 150. C, 37, 39 à 42, 46, 66 à 69, 81, 82, 83.

——— *Comte de Vair.* A, 121, 128, 131, 133, 150. B, 151. C, 29, 30, 33, 36, 66, 69, 81.

——— *Comte de Largouet.* A, 126, 127, 131, 133, 137, 143, 144, 150. B, 164. C, 39, 40, 46 à 58, 65 à 69, 81, 82.

Laurencie (de la). B, 262.

Laurière. A, 104, 200. B, 22, 226.

Laval (de). A, 4, 191. B, 29, 30, 40, 41, 46, 51, 52, 77, 78, 90, 91, 96 à 102, 124, 127, 237. C, 12, 13, 50, 51, 60.

Lavau (de). B, 298.

LAVERDY (DE). B, 175, 308, (314).

LAW. A, 44. B, (329 à 332), 334, 335.

Lebreton. C, 106.

Lecourt de La Villethassetz. B, 168.

Leduc du Petitbois. B, 238.

Lefebvre. C, 106.

Legendre. B, 334.

Legrand. B, 240, 250.

Lemarois. B, 302.

Lepetit. B, 215.

Lépinay (de). B, 15.

Lépine (de). B, 293.

Lescoët (de). B, 46, 75, 76.

Lescouet. A, 143.

Lesdain (de). B, 207.

Lesné de Torchamps. B, 259, (260).

LESPINAY (DE). A, 29. B, 133, 134, (201 à 203), 204, 205. C, 96.

Lesquen (de). B, 198, 260.

Lesrat (de). A, 121, 124. C, 30, 33.

Lestang (de), B, 213, (214).

Lévaré. A, 4, 80. B, 104.

Lévêque de Grandmaison. B, 293.

Lévesque. B, 128.

Lévis (de). B, 303, 312.

Lézonnet. B, 148, 150. C, 5, 67. 68.

Lézot. C, 14.

Libault. A, 35, 192, 194 à 196, 198. B, 241, 262. C, 109.

Liepvre (le). B, 147, (148).

Lièvre de la Grange (le). B, 300.

Ligniville (de). B, 231.

Liniers (de). B, 297.

Lislavart. C, 43.

Lockhart (de). B, 322.

Locquet de Grandville. B, 170.

Loënan (de). A, 193, 194. B, 239.

Loges (des). C, 9, 100, 101.

Lohéac (de). C, 50.

Lohingat. C, 19.

Loïs (de). B, 299.

LOISEL. A, 8, 107. B, 126, (128, 129). C, 18.

Lombart. B, 65.

Long (le). B, 150.

Longlée. A, 33, 171. B, 17, 243 C, (124), 125, 127, 128, (129), 130.

Lonjon (de). B, 4, (178).

Lopis de La Fare. B, 331.

Lordat (de). B, 300, 301.

Lorgeril (de). A, 150. B, 163, 267, (268, 269).

Lorière. A, 176, 177, 179, 180, 184, 186, 196, 198, 203. B, IV, 20, 21. C, 5, 65, 66, 98, 99, 101 à 105, (108), 109 à 112, 117 à 121, 123, 125, 127, 129.

Loriot. B, 187.

Lorraine (de). B, 99, 102, 103, 116, 214. C, 51.

Lory. C, 104.

Losche. B, 45, 67.

Lostanges (de). B, 15, 303.

LOU (LE). A, 31, 161, 172, 173. B, 111, 137, 175, 217 (218 à 221), 223, 247. C, 40, 63, 119, 120, 128.

Louail. A, 36, 193, 195, 197, 199, 200. B, 17, (240). C, 109, 110, 112.

Louayrie (de la). B, 185.

Louer. A, 184.

Louet. B, 294.

Lourme (de). B, 240. C, 77.

Loury du Puy. B, 293.

Lousil. B, 242.

Pourcelle (de). B, 289.
Pouvreau (le). C, 130.
PRACOMTAL (DE). A, 164. B, 141,
(207, 208).
Prat (de). B, 292.
Pré de Saint-Maur (du). B, 320.
Preczart. C, 59.
Preissac (de). B, 313. C, 63.
Préoulleau. C, 63.
Préseau. B, (200). C, 31.
Prestre (le). B, 231. C, 69.
Preston. B, 330.
Prêtre de Théméricourt (le). B,
318.
Préverie (la). B, 39, 51.
Prévos (le). B, 46, 75, 76.
Prévost de Coupesarte (le). B,
270.
Prévost d'Iray (le). B, 318.
Prévost de Touchimbert (le). B,
211.
Princey (de). A, 22. B, 259.
Prinquel. B, 122.
Priou. A, 101.
Procé. A, 100. B, 131. C, 17,
21, 24, 29.
Proust. B, 188, 298. C, 93, 128,
131.
Provost de La Thenaudaie. C,
13.
Puy (du). B, 222.
Puyberneau (de). B, 202.
Puybusque (de). B, 313.
Quatrebarbes (de). C, 37.
Queiras (de). B, 333.
Quelen (de). B, 150, 262.
Quengo (du). A, 182. B, 230,
(232), 252. C, 112.
Queulain. B, 335.
Quintin (de). B, 200. C, 83.
Quintin-en-Vannes. A, 143,
144. C, 66, (83, 84).
Rabaud du Bois de La Motte. A,
180. B, 246, 247. C, 107.
Rabinais (la). C, 43.
Racappé. B, 42, 55.
Radulphe. B, 178.
Ragaud. C, 75.

Raguenel. B, 146. C, 50.
Raguideau. A, 34, 187 à 190.
B, (247, 248). C, 105 à 107),
108, 124.
RAMIRES. A, 27, 164. B, 206,
(208). C, 96.
Rancogne (de). B, 334.
Rancourt (de). B, 292.
RAOUL. A, 11, 113, 119. B, 103,
(134, 135). C, 27, 28.
Rarécourt de la vallée (de). A,
162. B, 14, 191.
Ratap. B, 75.
Ray (le). B, 298.
Reau (du). B, 245.
Réaux (des). B, 125. C, 15.
Recoquillé. B, 320.
Reges. B, 153.
Regnon. A, 162.
Relly (de). B, 202.
Renaud. C, 80.
Renou des Marais. B, 260.
Renouardière (la). A, 113, 114,
116. B, 134. C, 30, 36, 37, 40.
Renoult. B, 322.
Repenelaye (la). B, 242.
Rétéac. A, 132.
Revelais (la). B, 43, 59.
Revol (de). C, 67.
Reynouard. B, 218.
Rezé. A, 86, 87.
Ribeyreys (de). B, 321.
Richard. A, 180. B, 220, 245.
Richardeau. B, 296.
Richelieu (de). C, 79.
Richelot. B, 219.
Ridler (de). B, 334.
Riencourt (de). B, 294.
Rieux (de). A, 119, 126. B, 100,
137, 146. C, 20, 48, 50 à 52.
Rigaudière (la). C, 70.
Rihoye (de). B, (270).
Riquet de Caraman. B, 301.
Rivaudeau (de). B, (204).
Rivaudière (la). A, 149. B, 163.
Rivière (la). A, 100. B, 131. C, 9
à 12, 14, 17, 21, 24, 29.

FIN.

Orléans, imp. CHENU, rue Croix-de-Bois, 21.

ORLÉANS, IMP. CHENU, RUE CROIX-DE-BOIS, 21.